Sabine Zett

Wo geht's denn hier zum Weihnachtsbaum?

Sabine Zett

Wo geht's denn hier zum Weihnachtsbaum?

Mit Bildern
von Susanne Göhlich

Kinder- und Jugendbuchverlag
in der Verlagsgruppe Random House

Für meine Familie

Verlagsgruppe Random House FSC® N001967
Das für dieses Buch verwendete FSC®-zertifizierte Papier
Pamo House liefert Arctic Paper Mochenwangen GmbH.

1. Auflage 2015
© 2015 by Sabine Zett
© 2015 cbj Kinder- und Jugendbuchverlag
in der Verlagsgruppe Random House, München
Alle Rechte vorbehalten
Dieses Werk wurde vermittelt durch die
Michael Meller Literary Agency GmbH, München
Innenillustrationen: Susanne Göhlich
Umschlaggestaltung: init | Kommunikationsdesign, Bad Oeynhausen
unter Verwendung einer Zeichnung von Susanne Göhlich
AW · Herstellung: CF
Satz: Uhl + Massopust, Aalen
Druck: GGP Media GmbH, Pößneck
ISBN 978-3-570-17158-5
Printed in Germany

www.cbj-verlag.de

Inhalt

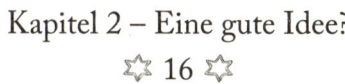

Kapitel 1

Mit Superkräften zur weißen Weihnacht?

»Los jetzt, fang endlich an zu schneien! Komm schon! Ein bisschen wenigstens, bitte! Hallo? Hört mich jemand? Nachricht von Marie an die grauen Dezemberwolken! Ich will Schnee sehen! Jee-heetzt!«

Seit einer halben Stunde stand Marie am Fenster, drückte sich an der Scheibe die kalte Nase platt und beobachtete den wolkenverhangenen Himmel. Wann würde es endlich schneien? Sie wünschte es sich so sehr! Ihr Blick fiel auf das Kalenderblatt, das über ihrem Schreibtisch hing. Darauf war ein kleines, schneebedecktes Häuschen zu sehen, von hohen Tannen umgeben, deren Äste ebenfalls mit einer dicken Schneeschicht überzogen waren. Die weiße Pracht

glitzerte im Dämmerlicht und das Haus schien von innen heraus zu leuchten und sah sehr einladend aus.

»Ein richtiges Weihnachtswunderland«, dachte Marie. »So müsste es im Winter und vor allem zu Weihnachten immer aussehen.«

Sie schaute auf die grauen Wolken am Himmel. »Hallo, lieber Wettergott! Schick doch bitte ein paar klitzekleine Flöckchen«, murmelte sie leise und schaute wieder durch die Scheibe in Richtung Himmel. »Wir haben bald den dritten Advent und im Fernsehen haben sie gesagt, dass es endlich schneien könnte.«

»Marmelade? Redest du etwa mit dem Fenster?« Maries Zwillingsbruder Gabriel stand plötzlich hinter ihr und Marie fuhr zusammen. »Huch! Hast du mich aber erschreckt!«

Gabriel grinste. »Du musst dich doch nicht erschrecken. Ich bin ja da, um dich zu beschützen. Man nennt mich auch Gabriel, der Superheld.«

Marie verdrehte die Augen: »Mich muss niemand beschützen, ich kann sehr gut allein auf mich aufpassen. Aber wenn du ein Superheld sein willst, dann musst du

es beweisen. Hast du auch Super-Kräfte? Die könnte ich jetzt wirklich gut gebrauchen!«

Ihr Bruder zuckte mit den Schultern. »Natürlich. Jede Menge Super-Kräfte! Welche brauchst du denn? Ich kann große Berge von Essen klein machen, andere Leute wütend machen...«

Marie seufzte. »Das stimmt und das weiß hier jeder... Aber kannst du auch den Himmel dazu bringen, dass es endlich schneit? Bald ist Weihnachten und das gehört schließlich dazu!«

Gabriel stellte sich zu ihr ans Fenster und schaute ebenfalls nach oben. »Dafür kann ich meine Superheld-Kräfte nicht vergeuden, tut mir leid. Sooo wichtig ist Schnee nun auch wieder nicht. Ich finde, zu Weihnachten gehören vor allem gutes Essen und natürlich ganz viele Geschenke.«

»Klar, das auch. Aber wenn es schneit, dann bekomme ich sofort so eine richtig gute Weihnachtslaune«, widersprach seine Schwester. »Und die Welt sieht außerdem viel schöner aus!«

»Kapier ich nicht, aber egal. Wenn du gute Laune haben willst, dann mach Musik an, iss ein paar Plätzchen

oder noch besser: Geh wieder auf einen Weihnachtsmarkt, da hast du alles zusammen!«

Weihnachtsmärkte mochte Marie auch. Wie jedes Jahr
waren sie auch diesmal am ersten Adventssonntag in das
Dorf gefahren, wo Oma und Opa wohnten. Dort gab es
immer einen besonders schönen Weihnachtsmarkt. Sie
schlenderten an allen Buden vorbei und schauten sich
alles an, was dort ausgestellt wurde: Wanddekorationen,
Lichtsterne, Krippen, Tischdecken, ausgefallene Kerzen
und Holzspielzeug.

»Gute Idee. Ich fand den Schmied toll, der vor seiner
Hütte Hufeisen machte. Das war wie im Mittelalter«, er-
innerte sich Marie. »Und die Krippe mit den lebendigen
Tieren. Ein richtig süßes Schäfchen hatten die dort.«

Gabriel kräuselte die Stirn. »Ja? An den Schmied
kann ich mich gar nicht erinnern. Ich fand die Würst-
chenbude am besten.«

»Das meinst du doch nicht ernst!«

»Wieso?« Ihr Bruder sah sie erstaunt an. »Die Brat-

wurst im Brötchen war echt lecker, nur etwas klein. Dann habe ich noch eine Banane im Schokoladenmantel gegessen, die war super. So gesehen, war es ein sehr schöner Weihnachtsmarkt!«

Marie drehte sich vom Fenster weg. »Aber ich meinte die Stimmung. Man spürt ganz genau, dass es bald Heiligabend sein wird. Es riecht nach Zimt und nach frischen Tannenzweigen ...«

Gabriel unterbrach sie. »Also ich finde, es riecht nach Pommes, Pizza und gebrannten Mandeln. Voll lecker!«

Marie gab es auf, ihrem Bruder zu erklären, dass der Weihnachtsmarkt ihrer Meinung nach eine besondere Atmosphäre hatte. Sie kannte ihren Bruder gut genug und wusste, dass Gabriel vor allem daran interessiert war, immer reichlich zu essen zu bekommen. Mama sagte auch immer, dass Jungs und Mädchen einfach unterschiedlich tickten und da stellten die Zwillinge keine Ausnahme dar.

»Und was hast du jetzt mit deinem Fenster zu besprechen gehabt, Marmelade?« Gabriel setzte sich hin, streckte seine Beine aus und strich sich die Haare hinters Ohr.

Marie funkelte ihn an: »Ich habe nicht mit dem Fenster gesprochen, sondern … Ach, ist doch egal. Aber hör auf, mich Marmelade zu nennen, du willst doch auch nicht, dass die anderen ›Gabi‹ zu dir sagen.«

»Ey!« Gabriel sprang hoch. »Wir sind Zwillinge, vergiss das nicht! Du hast versprochen, zu mir zu halten! Mittlerweile haben die meisten in der Schule das doofe ›Gabi‹ wieder vergessen und sich an Gabriel gewöhnt. Wie konnten Mama und Papa mir diesen Namen nur antun?«

»Ich finde Gabriel schön. Er ist so … besonders. Wenn du dir die Haare schneiden lassen würdest, käme sowieso niemand mehr auf die Idee, dir einen Mädchennamen zu verpassen.«

Ihr Bruder schüttelte den Kopf. »Ich mag meine Frisur. Wie dieser Michi aus Lünen … Lönneberga.«

»Michel«, korrigierte Marie. »Oder wie ein berühmter Star. Und dass ich ein Junge bin, sieht doch wohl jeder«, ergänzte ihr Bruder. Dann fiel sein Blick auf den Schreibtisch seiner Zwillingsschwester. »Was sind das da für Pappstreifen? Haben wir etwas in Kunst auf, was ich vergessen habe?«

Marie warf ihren großen Zeichenblock darauf. »Nicht gucken, bitte! Es ist etwas, das ich für die Weihnachtsgeschenke brauche.«

»Was denn? Können wir uns das nicht wieder teilen? Ich habe gar keinen Plan, was ich den anderen schenken soll. Biiiitteee!«

Seine Schwester seufzte. Jedes Jahr war es das Gleiche. Gabriel hatte keine Lust, den Familienmitgliedern etwas zu zeichnen oder zu basteln und beteiligte sich immer an ihren Ideen.

»Mama würde sich wünschen, dass du dir endlich einen Kurzhaarschnitt verpassen lässt«, meinte Marie. »Du könntest sie doch zu Weihnachten überraschen.«

Gabriel schüttelte seine Mähne. »Keine Chance! Die Haare bleiben dran!« Er schob ihren Zeichenblock beiseite. »Und was soll das sein, wenn es fertig ist?«

Marie senkte die Stimme. »Das werden Lesezeichen.«

»Cool! Auch für den Tyrannosaurus?« Damit war die ältere Schwester der Zwillinge gemeint.

Sie nickte. »Klar, auch für Theresa. Und du solltest sie nicht Tyrannosaurus nennen.«

»Erstens benimmt sich Theresa manchmal wie ein

T-Rex, vor allem, wenn sie schlechte Laune hat und herum poltert. Und zweitens: Wo soll sie ein Lesezeichen benutzen? An ihrem Handy? Sie ist doch handysüchtig, oder hast du T-Rex schon mal mit einem Buch gesehen?«

Darüber hatte Marie auch schon nachgedacht. Es stimmte, dass Theresa meistens ihr Smartphone in der Hand hielt, aber Marie fand die Idee mit den Lesezeichen dennoch toll. »Ich schenke ihr trotzdem eins.«

Gabriel zuckte mit den Schultern und grinste. »Wie du meinst. Ein Handy-Lesezeichen, hahaha, das ist gut. Aber ich mache mit, ne? Was ist da zu tun?« Er nahm einen Streifen in die Hand. »Du hast schon die Form geschnitten, super. Und jetzt? Schreiben wir einfach die Namen drauf und fertig, oder?«

Marie seufzte schon wieder. »Du bist echt ein richtiger Bastelkönig! Hier liegen Sterne, Engel und andere Aufkleber. Die müssen auf die Lesezeichen drauf. Untenhin kommt dann noch eine schöne Schleife. Und zum Schluss benutzen wir die Glitzerstifte und schreiben in Schönschrift ›Frohe Weihnachten, liebe Mama, Papa, Theresa, Oma, Opa‹ und so weiter.«

»Das mache dann ich!«, rief Gabriel. »Du klebst das

Zeug drauf, denn das mit dem Uhu ist nicht so mein Ding. Und wenn du fertig bist, dann gibst du mir die Lesezeichen und ich schreibe die Grüße dazu. Abgemacht? Dann haben wir Super-Geschenke! Du hast die besten Ideen, Marme… Marie!«

Gabriel griff sich die Glitzerstifte und hielt sie triumphierend hoch. »Danke, dass du mich mitmachen lässt! Leg einfach alles auf meinen Tisch, wenn du fertig bist. Ich muss jetzt zum Training, tschüss!« Er wirbelte aus dem Zimmer und blieb an der Tür stehen. »Und tu mir bitte einen Gefallen: Wenn du wieder mal mit einem Fenster reden möchtest, dann mach das nicht in der Schule, okay? Ich will nicht, dass die anderen denken, dass du komisch bist. Oder verrückt.«

Maries Augen blitzten vor Wut. »Hallo?! Ich habe nicht mit den Fenstern geredet, klar? Ich wollte nur, dass es schneit und habe… laut gedacht.«

Gabriel lachte. »Wie du meinst. Aber dann ein Tipp von mir: Versuche es mal mit den Türen – die haben vielleicht auch eine Meinung dazu!« Er prustete drauflos und sah zu, dass er wegkam, bevor seine Schwester mit einem Gegenstand nach ihm werfen konnte.

Kapitel 2

Eine gute Idee?

»Wer von euch ist heute mit dem Abwasch dran? Das Geschirr stapelt sich nur so in der Küche!« Mamas Stimme klang ziemlich ärgerlich. Sie putzte sich den Mund mit einer Serviette ab und sah ihre drei Kinder fragend an.

»Eins von den Twins-Pins«, brummte Theresa und strich sich die dunklen Haare glatt. »Ich war gestern dran. Meine Hände waren danach total trocken. Ich brauche dringend eine neue Handcreme. Etwas mit Aprikosenduft vielleicht.«

»Nenn die Zwillinge nicht immer Twins-Pins«, sagte Mama und verdrehte die Augen.

»Okay, dann eben Krabbelmonster.«

»Hallo?! Wir sind keine Monster und krabbeln schon

lange nicht mehr«, protestierte Marie. »Und den Abwasch muss Gabriel machen. Ich habe noch ganz wichtige Hausaufgaben zu erledigen.«

»Auf gar keinen Fall! Ich hab' gleich Training!«, widersprach Gabriel und trank hastig sein Glas leer. »Ich darf unter keinen Umständen zu spät ins Hallenbad kommen und bin eh schon so gut wie weg.«

Papa lächelte. »Genau! Lasst den jungen Mann an seiner Schwimmkarriere arbeiten, dann kann er uns später eine Haushaltshilfe spendieren.«

Ein wütender Blick von Mama ließ ihn verstummen. »Aber bis es soweit ist, müssen die Teller gespült werden. Würde bitte jemand sofort damit anfangen?!«

Theresa verdrehte die Augen. »Mama, du packst das völlig falsch an. Bei einer Anweisung solltest du auf das Wort ›bitte‹ verzichten. Also, einer von euch Twins-Pins macht sofort den Abwasch, ist das klar?«

»Wir sind keine Twins-Pins!« Gabriel warf mit der Serviette nach seiner älteren Schwester. »Warum sagst du das immer, du alter T-Rex?«

»Weil du mich ständig T-Rex nennst und weil es sich so schön reimt.« Theresa grinste. »Auf Zwillinge reimt

sich nur Drillinge und das ist blöd. Also? Wer von euch Zwillingsmonstern macht den Abwasch?«

Marie machte einen Schmollmund. »Also ich bestimmt nicht! Als Mama und ich Plätzchen gebacken haben, musste ich auch schon spülen. Außer der Reihe! Und ich habe bei der Weihnachtsdeko im Haus geholfen. Da habt ihr euch alle verdrückt.«

»Tja, Gabi, dann bleibt es wohl an dir hängen«, grinste Theresa ihren jüngeren Bruder an.

Gabriel sah seine Schwester böse an. »Wenn du noch einmal ›Gabi‹ zu mir sagst, dann bereust du das aber ganz schnell!«

»Ich werde dich nicht mehr Gabi nennen, wenn du dir endlich die Haare abschneiden lässt. Du siehst aus wie ein Mädchen!«

»Stimmt doch gar nicht, lange Haare sind in! Nur mein Name ist total doof!«

Papa schüttelte den Kopf. »Geht das schon wieder los? Was stimmt denn nicht mit Gabriel? Und warum nennst du deine Schwestern T-Rex und Marmelade? Da musst du dich nicht wundern, wenn sie dir auch einen Spitznamen verpassen.«

Gabriel presste die Lippen aufeinander und sah ziemlich wütend aus. »Weil sie mich ärgern! Und Gabriel ist der blödeste Name auf der ganzen Welt! Niemand heißt so, außer irgendeinem Engel in der Bibel!«

»Wenn du zum Friseur gehen würdest, käme niemand mehr auf die Idee, dich Gabi zu nennen. Und was deinen Namen betrifft: Wir haben dich nach deinem Patenonkel benannt«, warf Mama ein.

»Warum habt ihr das gemacht? Schreibt das irgendein Gesetz vor? Marie und Theresa haben mit ihren normalen Namen richtig Glück gehabt!«

Mama stapelte die Teller übereinander und seufzte. »Wir wollten eine schöne Tradition begründen. Deine Schwestern heißen nach ihrer Tante Marie-Therese. Außerdem finde ich den Namen Gabriel sehr melodisch.«

Gabriels Augen blitzten wütend. »Ich aber nicht! Ein Name muss nicht melodisch sein, sondern cool! Ich würde mich am liebsten umbenennen!«

Theresa grinste. »In was denn? Blödmann? Doofi? Langhaar-Monster?«

»Schluss jetzt, ihr zwei!« mischte sich Mama ein. »Ihr benehmt euch wie Kindergartenkinder!«

»Der T-Rex hat angefangen!«

Marie beschloss, den Streit zwischen ihrem Zwillingsbruder und der älteren Schwester zu nutzen, um sich klammheimlich aus dem Staub zu machen. Sollten die zwei sich herumstreiten! Sie würde jedenfalls nicht schon wieder den blöden Abwasch übernehmen.

In ihrem Zimmer lehnte sie die Schultasche an den Schreibtisch und holte die Bastelmappe heraus. Das mit den Hausaufgaben vorhin war ein wenig geschwindelt. So kurz vor den Weihnachtsferien gaben die Lehrer zum Glück nicht mehr ganz so viel auf und Marie wollte in Ruhe die Lesezeichen weiter basteln.

»Fräulein Ritter! Wohin bist du denn auf einmal verschwunden?«, hörte sie die Stimme ihrer Mutter. »Wir waren hier noch nicht fertig! Komm bitte sofort zurück in die Küche!«

Was war denn jetzt schon wieder los?

Wenn Mama sie mit Nachnamen ansprach, dann war es ernst.

Marie überlegte, ob sie so tun sollte, als hätte sie es nicht gehört. Es ging bestimmt immer noch um den blöden Abwasch, und sie befürchtete, dass er am Ende doch an ihr hängenbleiben würde.

»Marmelade!« Das war Gabriel.

»Marie Ritter!« Die Stimme ihrer Mutter wurde lauter. »Wir warten auf dich!«

Marie erhob sich seufzend. Okay, aber egal, wie viel Druck sie machten, sie würde sich nichts gefallen lassen. Türknallend verließ sie ihr Zimmer.

»Was ist denn? Ich wasch…«, sie brach ab, denn Gabriel stand bereits vor dem Spülbecken und bearbeitete mit einer Bürste die Teller und Gläser.

Okay, das war also geregelt.

Mama zeigte auf einen Stuhl. »Setz dich für einen Moment, Papa und ich wollten mit euch über Weihnachten sprechen. Es ist wichtig.«

»Was gibt es denn da zu besprechen?«, fragte Theresa und sah auf ihre Armbanduhr. »Ist doch jedes Jahr der gleiche Stress: Papa und die Zwillinge gehen den Tannenbaum kaufen und werden sich stundenlang darüber streiten, welchen sie letztendlich mitnehmen. Du wirst viel zu viel zu essen einkaufen und dann tausend Gerichte kochen, und wir werden uns darüber streiten, wer dir dabei helfen muss. Papa holt seine Ritterburg heraus und wird uns dazu zwingen, sie mit ihm aufzubauen. Dann gibt es bestimmt wieder Zank wegen der Lieder, die wir für Oma und Opa singen sollen, aber nicht singen wollen.«

Mama seufzte. »Hört sich nicht gerade nach Freude und entspannten Weihnachtstagen an«, sagte sie und blickte zu Papa. »Von wegen fröhliche und besinnliche Feiertage...«

Theresa kräuselte die Nase und fuhr fort: »Na ja, die Sache mit den Geschenken ist ganz gut. Und die Deko finde ich auch schön. Aber wenn wir zu Oma und Opa fahren, werden wir uns erst streiten, wer im Auto in der Mitte sitzt und dann meckern, dass es dort langweilig ist. Und falls alle bei uns sind, wirst du uns vorschreiben, wie lange wir am Tisch sitzenbleiben müssen und verlangen, dass wir uns um unsere kleine Cousine kümmern. Egal, wie man es betrachtet – es läuft wie immer auf Stress und Streit hinaus.«

Gabriel hielt die nasse Spülbürste hoch und fiel seiner älteren Schwester ins Wort. »Genau! Und ihr zwingt uns zu ganz vielen Sachen, die keinen Spaß machen.

Zum Beispiel, in die Kirche zu gehen. Und uns festlich anzuziehen. Und Lieder zu singen. Und dann müssen wir uns gut benehmen und können gar nicht richtig mit den Weihnachtsgeschenken spielen.«

»Ich wünsche mir einen Schminktisch, damit kann man nicht spielen«, warf Theresa ein. »Aber prinzipiell hat Gabi … Gabriel recht. Man hat ganz wenig Zeit zum Chillen. Also, was willst du da besprechen?«

Die Eltern wechselten einen Blick. »Siehst du das auch so?«, fragte Mama Marie, die sich bisher nicht an der Diskussion beteiligt hatte. »Dass es vor allem viel Stress und Streit gibt?«

Marie mochte Weihnachten, aber sie wusste, dass vieles, was ihre Geschwister gerade gesagt hatten, der Wahrheit entsprach. Wie in jeder Familie hatten auch die Ritters jede Menge mit den Vorbereitungen zu tun.

Sie zuckte mit den Schultern. »Ich finde die Feiertage schön, aber es stimmt, dass wir viel helfen müssen und zu manchen Sachen gezwungen werden.«

Papa nickte. »Nun, dann wird euch die Entscheidung vermutlich leicht fallen.«

»Welche Entscheidung denn?« Marie spürte auf ein-

mal, dass etwas in der Luft lag. Mama und Papa wechselten schon wieder so einen komischen Blick.

»Papa hat über seine Firma an einem Gewinnspiel teilgenommen und eine zehntägige Reise auf die Kanaren gewonnen ...«

»Was?! Echt? Cool!«, kreischten die drei Kinder gleichzeitig. »Wann fliegen wir?«

»Das ist es eben«, räusperte sich ihr Vater. »Ich habe soeben herausgefunden, dass man auch kurzfristig in den Weihnachtsferien fliegen könnte. Am letzten Schultag gibt es abends noch freie Flüge, aber das ist schon in einer Woche. Das Hotel hätte auch noch ein Appartement für uns, mit Vollverpflegung. Wir wären halt nur komplett über die Feiertage weg. Es ist die Frage, ob wir das auch wollen ...«

Theresa sprang so rasch hoch, dass ihr Stuhl wackelte. »Ja! Unbedingt! Michelle und Anna fliegen immer in den Weihnachtsferien in die Sonne! Die sagen, das ist hammergeil! Du musst dich um nichts kümmern und hast null Stress! Das ist Chillen für alle.«

»Coole Idee! Lasst uns hier abhauen!«, rief auch Gabriel. »Dann kann ich an Weihnachten im Meer schwimmen! Und kann in Sommerklamotten herumrennen!«

Marie fand die Idee, nichts tun zu müssen, ebenfalls verlockend, andererseits war sie ein richtiger Weihnachts-Fan. »Aber würden wir dann Weihnachten gar nicht feiern?«, fragte sie vorsichtig.

»Klar«, sagte Papa. »Das Fest fällt doch nicht aus. Es wäre halt nur … anders.«

»Tja, es wäre auf jeden Fall etwas anderes«, sagte Marie und legte ihre Stirn in Falten. »Weihnachten auf einer kanarischen Insel, klingt irgendwie nach einem Abenteuer.«

»Also, ich bin mir nicht sicher. Weihnachten ohne Oma und Opa und unsere ganzen Traditionen? Wäre das nicht seltsam?« Mama sah unentschlossen aus. »Natürlich mag ich die Hektik und den Vorbereitungsstress auch nicht, aber die Feiertage in einem Hotel im Süden ohne die Familie verbringen?«

»Die können wir anschließend besuchen, Mama! Und wir hätten Sonne! Besser als den ständigen Regen und Matsch bei uns!«, wandte Gabriel ein und stellte ein gespültes Glas in den Abtropfkorb.

Marie kräuselte die Nase. »Und wenn es hier doch noch schneit? Das wäre natürlich schön!«

Ihr Bruder verzog das Gesicht. »Schnee? Den kannst du dir aus der Dose auf die Fensterscheiben sprühen! Hier schneit es zu Weihnachten doch nie!«

»Und die Dose mit dem Kunstschnee kannst du auch in den Sonnenurlaub mitnehmen«, grinste Theresa.

»Hat so ein Hotel eigentlich einen Weihnachtsbaum?«, wollte Mama wissen.

»Bestimmt!« Papa nickte und seine Stimme klang begeistert. »Weihnachten gibt es schließlich auf der ganzen Welt. Und ein leckeres Essen machen sie garantiert auch. Du müsstest dich um nichts kümmern. Mir gefällt die Idee immer besser, und ich finde, wir sollten es ausprobieren. Nächstes Jahr sind wir dann wieder zu Hause.«

Gabriel stellte den letzten tropfenden Teller weg und grinste. »Ja, ich finde das voll cool! Dann können wir Heiligabend am Pool verbringen statt beim Krippenspiel! Und wir müssen bei gar nichts helfen! Und auch keine Lieder singen!«

»Ja, das Singen braucht echt kein Mensch!«, bekräftigte Theresa. »Warum das eine Tradition ist, habe ich noch nie verstehen können! Selbst Omas Kater haut dann immer ab.«

Marie dachte an das vergangene Jahr. Es hatte ziemlich viel Streit unter ihnen gegeben. An den »Abwaschmachen-Tischdecken-Gemüseschneiden-Müllrausbringen-Plan«, den Mama erstellt hatte, hatte sich in den Ferien keiner gehalten, und auch bei den anderen Weihnachtsvorbereitungen wollten sie nicht freiwillig helfen. Die drei Geschwister hatten sich möglichst oft verdrückt und wenn sie doch eingespannt wurden, dann gab es nur ein einziges Jammern und Streiten. Auch beim traditionellen Singen, das an Weihnachten immer Pflicht war, wollte niemand so recht mitmachen. Der Gedanke, diesmal faul in der Sonne zu liegen, zu schwimmen und nichts tun zu müssen, war ziemlich verlockend.

»Kaufen wir trotzdem noch einen Tannenbaum?«, fragte Marie. »Den schmücke ich doch so gern!«

Papa schüttelte den Kopf. »Das würde sich nicht lohnen. Falls wir uns entschließen, die Reise anzutreten, fliegen wir schon nächste Woche, direkt an eurem letzten Schultag. Meine Ritterburg kann ich dann auch nicht aufbauen, was natürlich sehr schade ist. Aber dieses Opfer würde ich bringen.«

Theresa verdrehte die Augen. »Sei mir nicht böse, Papa, aber das ist sowieso nicht ganz normal, dass du als erwachsener Mann an Weihnachten mit einer Ritterburg spielst und dir jedes Jahr eine neue Figur dafür wünschst.«

»Ich spiele nicht damit, ich baue sie nur jedes Jahr auf – als Familienwappen sozusagen«, erklärte der Vater und klang leicht beleidigt. »Wir heißen nun einmal Ritter mit Nachnamen und das verpflichtet.«

»Verpflichtet?« Theresas Stimme klang belustigt. »Das ist echt crazy, weißt du das eigentlich?«

»Das ist nicht crazy, das ist eine Familientradition, das wisst ihr doch! Schon mein Vater und davor mein Großvater und davor sein…«

»Jajaja!«, unterbrach ihn jetzt auch Gabriel. »Das wissen wir doch. Alle Ritters haben mit der Ritterburg gespielt. Ähm… ich meine, die Ritterburg zu Weihnachten aufgestellt. Ich weiß aber nicht, ob ich das später auch machen werde, Papa. Vielleicht gründe ich eine neue Tradition.«

Mama sah in die Runde. »Marie schmückt gern den Tannenbaum, Papa stellt die Ritterburg auf, ich mag die schönen Lieder – so hat jeder eine Sache, die er gern zu Weihnachten macht, oder? Also vielleicht sollten wir die Reise lieber erst im neuen Jahr antreten?«

»Nein!« Theresa und Gabriel waren sich einig. »Lasst uns jetzt fliegen! Weihnachten kommt schließlich jedes Jahr!«

Auch Papa zog die Augenbrauen hoch. »Ich bin urlaubsreif und ebenfalls sehr dafür. Seid ihr beiden wirklich dagegen?«

Mama schaute Marie an. »Also vorstellen könnte ich es mir schon – und du, Marie? Du bist doch der größte Weihnachtsfan in der Familie. Wirst du nicht traurig sein, mein kleines Mariechen?«

»Ich bin zehn, Mama!«, erinnerte Marie ihre Mutter. »Und ja, ich schmücke gern den Baum, aber einmal kann ich auch darauf verzichten. Und ich möchte gern erfahren, wie Weihnachten in der Sonne gefeiert wird!«

»Na, dann ist ja alles klar!«, freute sich Papa. »Die Ritters fliegen in den Süden!«

Kapitel 3

Andere Länder –
andere Traditionen?

In den nächsten Tagen gab es bei Familie Ritter nur noch ein Thema: den bevorstehenden Urlaub. Während alle anderen um sie herum von Weihnachtsessen, Tannenbaumkäufen und überfüllten Geschäften sprachen, machten sich die Ritters über Sonnenmilch, Mückenspray und Reisekaugummi Gedanken.

Maries Freundinnen in der Schule waren begeistert, als sie von ihrem bevorstehenden Urlaub hörten. »Hast du es gut, jetzt in die Sonne fliegen zu können! Wie toll ist das denn?«, rief Claire und Daria ergänzte: »Dann kommst du bestimmt braun gebrannt zurück.«

»Es ist dort wahrscheinlich gar nicht sooo warm«, wandte Marie ein, aber die Mädchen waren von ihrer Meinung nicht abzubringen. »Du musst ganz viele Fotos von eurem Hotel und dem Strand machen!«

Ihr Papa hatte alle Unterlagen besorgt und der Reisegutschein lag seit drei Tagen inmitten des großen Adventskranzes auf dem Wohnzimmertisch, wo ihn jeder sehen konnte. »Dass mir niemand mehr die Kerzen anzündet!«, mahnte er die Familienmitglieder. »Den vierten Advent verbringen wir sowieso schon im Urlaub. Nicht auszudenken, wenn die Flugtickets verbrennen würden! Hach, ich entspanne mich schon beim bloßen Anblick der Reiseunterlagen!«

Marie strich sich die blonden Haare aus dem Gesicht. »Nehmen wir ihn eigentlich mit?«

Papa sah sie verständnislos an. »Wen?«

»Den Adventskranz. Ich mag die roten Kerzen darauf.«

Mama, die gerade die Reiseapotheke sortierte, hielt in der Bewegung inne. »Also Mariechen, ich bitte dich. Wir können doch nicht den Kranz mitnehmen.«

»Er ist sowieso jedes Jahr überflüssig«, antwortete Theresa. »Ein Schokoladenadventskalender dagegen nicht. Und da wir fast eine Woche vor Heiligabend flie-

gen, kann man die letzten Türchen alle auf einmal aufmachen und die Schoki aufessen!«

»Aber die Bescherung machen wir schon im Urlaub, oder?«, fragte Gabriel. »Geschenke kann man schließlich auch am Strand auspacken. Ich wünsche mir eine Spielekonsole und mindestens zwei Spiele dafür. Sag dem Christkind, es soll sie in die Koffer schmuggeln, Mama. Oder hast du besseren Kontakt zum Weihnachtsmann?«

»Den Schminktisch, den ich mir wünsche, kann wohl niemand mitnehmen«, erklärte dagegen Theresa. »Aber vielleicht könnte ich ihn schon vorher bekommen?«

Marie, die sich natürlich ebenfalls auf die Bescherung freute und auf eine Kamera hoffte, machte sich ganz andere Gedanken. »Ich hoffe, dass Oma und Opa einen schönen Tannenbaum besorgen, denn wenn wir zurückkommen, dann freu ich mich darauf, ihn dort zu sehen. Sind sie eigentlich sehr traurig, dass wir diesmal nicht zusammen feiern?«, fragte sie ihre Mutter. »Mir gegenüber hat sich Oma nichts anmerken lassen.«

»Sie freuen sich für uns. Genauso wie Onkel Gabriel und Tante Marie-Therese. Sie haben gesagt, dass sie uns beneiden und am liebsten mitfliegen würden. UND Carolinchen hat mich direkt gefragt, ob wir sie nicht mitnehmen könnten.«

»Das Nervkind fehlte gerade noch!« Gabriel bekam ihre letzten Worte mit.

»Wieso? Was hast du gegen sie?«

»Sie ist lästig wie eine Klette, hängt sich bei jeder Feier an uns ran und nervt mit ihren tausend Fragen!«

Marie schmunzelte. Es stimmte, ihre kleine Cousine folgte ihnen bei allen Familientreffen stets auf Schritt und Tritt und wollte immer ganz viel wissen. »Ich finde sie süß. Und sie hat eben keine Geschwister!«, verteidigte sie die Kleine.

»Warum ärgert sie dann nicht dich? Mich nervt sie ständig! Weihnachten letztes Jahr hat sie erst meinen neuen Fußball mit Stiften angemalt und dann behauptet, sie wollte ihn für mich schöner machen. Ich bin froh, dass ich sie nicht so bald sehen muss!«

»Gabriel!« Mama sah ihn tadelnd an. »So redet man nicht über Familienmitglieder. Sie hat dich gern! Außerdem ist Carolin schon im Kindergarten – so klein ist sie also wirklich nicht.«

»Na und? Nerven tut sie aber trotzdem.«

Marie schüttelte den Kopf. »Das machst du auch oft genug!«

»Was bekomme ich eigentlich dieses Jahr geschenkt? Einen neuen Vornamen? Das wäre mein größter Wunsch!«, wollte Gabriel wissen.

Mama seufzte. »Nicht schon wieder diese Diskussion! Sagt mir lieber, ob eure Badeschuhe noch passen, oder ob wir noch schnell neue besorgen müssen!«

Am letzten Schultag fand im Klassenraum der Zwillinge eine kleine Weihnachtsfeier statt. Die Klassenlchrcrin Frau Markenfeld zündete ein paar Kerzen an, verdunkelte die Fenster und las den Kindern die Weihnachtsgeschichte vor.

Beim anschließenden Plätzchenessen schaute die Lehrerin in die Gesichter ihrer Schüler. »Bevor ihr in die Ferien geht, möchte ich mit euch über das Thema Traditionen sprechen«, meinte sie.

Marie dachte, dass das Wort Traditionen in letzter

Zeit auch bei ihnen zu Hause oft gefallen ist. Mama hat es in Bezug auf Weihnachten gebraucht und Papa als es um die Ritterburg ging.

Frau Markenfeld deutete auf den Adventskranz. »Dass mit den Kerzen die vier Sonntage vor Heiligabend symbolisiert werden, wisst ihr bestimmt. Aber wer kann mir sagen, warum wir einen Tannenbaum aufstellen?«

»Ist doch klar: Damit darunter die Geschenke liegen können!«, meldete sich Gabriel zu Wort.

Die Klasse lachte, aber die meisten nickten zustimmend.

»Nun«, die Lehrerin lächelte, »die Geschenke mögen für viele von euch sehr wichtig sein, sind aber nicht der Grund. Noch jemand eine Idee?«

Robin zeigte auf. »Damit wir etwas zum Schmücken haben?«

»Weil es zu Weihnachten dazu gehört!«, murmelte Claire, die rechts neben Marie saß. »Oder etwa nicht?«

Marie zuckte mit den Schultern. »Keine Ahnung«, flüsterte sie zurück. Komisch, jedes Jahr kauften sie einen Tannenbaum und sie wusste gar nicht, warum.

Daria hob die Hand. »Der Tannenbaum ist ja immer grün und meine Oma hat mir erzählt, dass die Leute früher solche Pflanzen als Zeichen von Lebenskraft und Freude gesehen haben. Deshalb haben sie diese auch gerne in die Häuser gestellt.«

»Richtig«, Frau Markenfeld lächelte. »Der Weihnachtsbaum symbolisiert das Leben.«

Gabriel fiel ihr ins Wort. »Und über dieses Leben haben sich alle gefreut, das ist klar, weil Jesus geboren wurde, deshalb wird die Feier jedes Jahr wiederholt. Ich frage mich aber, warum wir nicht auch einen Tannenbaum aufstellen, wenn Marie und ich Geburtstag haben? Über unser Leben haben sich doch unsere Eltern auch gefreut.«

Frau Markenfeld schmunzelte. »Nun«, sagte sie. »Wenn jeder an seinem Geburtstag einen Tannenbaum aufstellen würde, dann gäbe es bald keine mehr. Aber du kannst ja vorschlagen, dass eure Wohnung mit anderen, immergrünen Pflanzen geschmückt wird.«

Gabriel zuckte mit den Schultern. »Die Idee mit dem Tannenbaum finde ich aber cooler, vor allem im Sommer.«

»Zurück zu den Weihnachts-Traditionen«, fuhr Frau Markenfeld fort. »Während es bei uns die Bescherung am 24. Dezember, also an Heiligabend gibt, findet diese in vielen anderen Ländern erst am 25. Dezember statt, zum Beispiel in Italien, Frankreich oder auch den USA. Und in Russland wird Weihnachten erst am 7. Januar gefeiert.«

Claire stieß Marie von der Seite an. »Da bin ich aber froh, dass wir nicht so lange auf die Geschenke warten müssen!«, kicherte sie.

Frau Markenfeld zeigte den Schülern Bilder von Weihnachtsfesten aus aller Welt. In Schweden trug ein Mädchen einen Kranz mit brennenden Kerzen auf dem Kopf. »Das ist das Fest der heiligen Lucia am 13. Dezember, das für die Schweden genauso wichtig ist wie Heiligabend«, erklärte die Lehrerin. »Und in China oder Japan feiern zwar viele Menschen Weihnachten, aber es ist dort kein offizieller Feiertag, also müssen die Leute ganz normal zur Arbeit gehen.«

»Und in Spanien?«, wollte Gabriel wissen. »Da fliegen Marie und ich nämlich heute Abend hin. Auf eine kanarische Insel.«

Die Lehrerin blätterte in ihren Unterlagen. »In Spanien gibt es die Weihnachtsfeiertage wie bei uns«, las sie vor. »Früher gab es jedoch die Bescherung erst durch die Heiligen Drei Könige am 6. Januar. Mittlerweile aber wurden die mitteleuropäischen Traditionen übernommen und die Kinder werden am 24. Dezember beschenkt.«

Marie und Gabriel tauschten einen erleichterten Blick. Trotz aller Freude über den Urlaub war ihnen die pünktliche Bescherung doch ziemlich wichtig.

»Und nun wollen wir zum Abschluss noch ein paar Weihnachtslieder singen«, verkündete Frau Markenfeld fröhlich. »Auch das ist eine wichtige Weihnachtstradition, die in sehr vielen Ländern der Welt gepflegt wird.«

Ein Raunen ging durch die Stuhlreihen. Nicht alle in der Klasse hatten Lust zu singen und zeigten das sehr deutlich. Als die Lehrerin dann auch noch eine Blockflöte herausholte, war ein Stöhnen zu hören.

»Das Gepfeife tut richtig in den Ohren weh«, hörte Marie Lukas und Devin hinter sich.

Frau Markenfeld klatschte unbeirrt in die Hände: »Wir bilden einen richtigen Chor: Die Mädchen stellen sich bitte rechts auf, die Jungen links. Und ihr dürft euch selbst die Lieder aussuchen!«

»Wie wäre es mit ›Atemlos‹?«, fragte Gabriel und machte ein unschuldiges Gesicht.

»Das ist doch kein Weihnachtslied!«, antwortete Vanessa und tippte sich an die Stirn.

Aber Maries Bruder ließ sich nicht beirren. »Wieso? Alle hetzen atemlos durch die Stadt und kaufen für Weihnachten ein, als ob die Geschäfte für ein halbes Jahr schließen würden!«

Die Kinder lachten und nach einer längeren Diskussion einigten sich alle auf traditionelle Lieder wie »Oh Tannenbaum«, »Stille Nacht« und »Leise rieselt der Schnee«.

Als die Schulglocke die Weihnachtsferien einläutete, schien auch die Klassenlehrerin erleichtert. »Als Chor funktioniert ihr noch nicht ganz … geschmeidig«, sagte sie zu den Kindern. »Es ist nicht hilfreich, wenn die rechte Seite schon bei Strophe zwei ist, während die linke noch den Refrain singt. Wir sollten nach den Ferien unbedingt das Singen in den Unterricht aufnehmen.«

»Aber nur, wenn wir endlich ›Atemlos‹ singen!«, rief Gabriel, doch sein Einwand ging im allgemeinen Verabschieden unter.

Marie bekam zum wiederholten Mal zu hören, wie gut sie es doch hatte, in ein paar Stunden in die Sonne fliegen zu können und musste mehrfach versprechen, ganz viele Fotos zu machen.

»Ich muss los!«, rief Claire plötzlich und schaute auf die Uhr. »Meine Eltern warten auf mich, wir gehen jetzt gleich den Tannenbaum kaufen! Dieses Jahr wird er ganz in Silber geschmückt!«

»Dann pass auf, dass er schön gerade gewachsen ist«, antwortete Marie, der es plötzlich ein wenig wehmütig ums Herz wurde. »Die frischen Bäume erkennt man daran, dass sie noch ganz toll duften!«

Auf dem Nachhauseweg war sie schweigsamer als sonst, aber ihrem Bruder schien das nicht aufzufallen.

»Mann, war ich froh, als die Weihnachtsfeier endlich zu Ende war!«, meinte Gabriel und warf seinen Rucksack hin und her. »Dieses Singen! Ich kann nicht verstehen, warum alle Leute an Weihnachten immer singen

wollen! Und die Blockflöte ist mein absolutes Hassins-
trument. Zum Glück werden wir in diesem Jahr davon
verschont!«

Marie sagte nichts.

»Marmelade? Hörst du mir überhaupt zu?«

»Ich heiße nicht Marmelade«, brummte seine
Schwester zurück. »Wenn du damit nicht aufhörst,
nenn ich dich … Gabel! Und ich habe gerade schlechte
Laune.«

»Wieso das denn? Du kannst gleich deinen Koffer
packen und dich auf den Flug freuen.«

Marie sah ihn von der Seite an. »Ich freue mich auch
über den Urlaub, ganz ehrlich, aber einen Tannenbaum
hätte ich trotzdem gerne geschmückt.«

Gabriel zuckte mit den Schultern. »Also, das kannst
du noch tausend Millionen mal machen, ich verstehe
nicht, warum du so einen Aufstand deswegen machst.«

Zu Hause fanden sie eine ziemlich aufgelöste Theresa vor, die auf der Suche nach ihren Schwimmsachen
war.

»Ich weiß genau, dass mein Lieblingstankini in der
obersten Schublade lag!« Ihre Stimme klang aufge-

bracht. »Aber ich finde ihn nirgendwo! Ohne den kann ich unmöglich in den Urlaub fliegen!«

»Was ist denn ein Tankini?«, wollte Gabriel wissen. »Kann man damit Benzin tanken, oder was?«

Marie erklärte, dass es sich um eine Art Zweiteiler handelte, bei dem das Oberteil länger als bei einem normalen Bikini war, aber ihr Bruder hörte nicht wirklich zu.

»Komische Begriffe! Bikini… Tankini… Gut, dass ich ein Junge bin«, befand er. »Ich brauche nur eine Badehose und keine ganze Tankstelle.«

Mama schickte die Zwillinge in ihre Zimmer und ordnete an, die kleinen Koffer, die dort bereits warteten, mit Inhalt zu füllen.

»Ich soll das ganz allein machen, Mama?«, fragte Gabriel und seine Stimme klang wie die eines Dreijährigen. »Hilft mir denn niemand dabei?«

Seine Mutter verdrehte die Augen. »Du wirst ja wohl in der Lage sein, Anziehsachen für acht Tage mitzunehmen!«

»Und wenn ich nur zwei Unterhosen einpacke?«, grinste er.

Theresa schaltete sich ein. »Dann wirst du aus dem Appartement verbannt! Stinkende Urlauber haben dort garantiert keinen Zutritt!«

Kapitel 4

Was ist in der Tüte drin?

Am späten Nachmittag regnete es in Strömen. Als Familie Ritter in Richtung Flughafen fuhr, stand das Thermometer auf drei Grad.

»Es ist so nasskalt hier!«, wiederholte Papa immer wieder und lächelte in die Runde. »Aber nur in Deutschland! In ein paar Stunden haben wir strahlenden Sonnenschein und mindestens zwanzig Grad mehr!«

Marie schaute aus dem Zugfenster und bewunderte die Weihnachtsdekorationen in den Häusern und auf den Straßen. Sie selbst hatte in ihrem Zimmer eine Lichterkette und einen tanzenden Weihnachtsmann, der auf Knopfdruck »Oh, Tannenbaum« spielte und dabei mit den Hüften wackelte.

»Die Bäume würden mit etwas Schnee viel schöner aussehen, oder?«, sagte Mama, die ihr gegenübersaß. »Eine weiße Weihnacht wünschen sich immer alle Leute. Und sie schmücken alles mit Lichtern, damit die Welt im Winter nicht so dunkel aussieht.«

»Ja, so ein richtiges Weihnachtswunderland wie auf meinem Kalender wäre echt schön«, sagte Marie. »Mit Schnee und all den Lichtern. Ich bin schon gespannt, wie das Hotel geschmückt ist. Ob die auch einen Tannenbaum am Swimmingpool haben?« Sie verschwieg, dass sie ein paar Postkarten mit Weihnachtsmotiven eingepackt hatte, sowie das kleine silberne Glöckchen, das sonst in ihrer Nachtischschublade lag. So konnte sie die Bescherung auch im Hotel einläuten.

Theresa sah von ihrer Zeitschrift hoch. »Das ist mir völlig egal. Ich wünsche mir auf jeden Fall viel Sonne, denn ich habe fast nur Sommersachen eingepackt. Und ich finde es fies von euch, dass ich meinen Schminktisch nicht vorher bekommen habe, Mama.«

»Bescherung gibt es immer erst an Heiligabend.« Ihre Mutter lächelte. »Oder eben danach, aber niemals davor.«

Marie hoffte, dass Gabriel wie versprochen die Lesezeichen beschriftet und mitgenommen hatte.

»Habt ihr gesehen, dass man in dem Hotel Wasserball spielen kann?«, fragte Gabriel, der sich offensichtlich ganz andere Gedanken machte. »Und in dem großen Schwimmbecken kann ich weiter trainieren.«

»Also ich lege mich nur faul auf eine Liege«, meinte seine Mama.

Theresa pflichtete ihr bei. »Sonnen, Musik hören, lesen und schwimmen. Mehr will ich nicht.«

»Herrlich!« Papa sah zufrieden aus. »Die beste Entscheidung, die wir treffen konnten! Da kann man wirklich ›Frohe Weihnachten‹ sagen! Obwohl mir die Ritterburg doch ein wenig fehlen wird.«

»Papa!« Die drei Kinder sahen ihren Vater gespielt empört an. »Du bist schlimmer als Carolin, das Nervkind«, ergänzte Gabriel.

Am Flughafen angekommen erwartete die Ritters eine Überraschung.

»Da stehen ja Oma und Opa!«, rief Marie, die ihre Großeltern schon von Weitem entdeckt hatte. »Was macht ihr denn hier?«

»Huhu!«, Oma winkte mit einem weißen Taschentuch. In der anderen Hand hielt sie eine Tüte. »Wir wollten euch verabschieden! Es ist das erste Mal, dass wir uns über die Feiertage nicht sehen. Und ich kann den Kinder nicht mal ihre Geschenke überreichen.«

»Du hättest sie auch mitbringen können«, meinte Theresa und lächelte verschmitzt.

»Nix da, junge Dame!« Opa winkte ab. »Vor Heiligabend gibt es keine Bescherung!«

»Hat Mama auch schon gesagt«, meckerte Theresa. »Und wegen des Urlaubs muss ich jetzt auch auf meinen Schminktisch noch länger warten.«

»Weihnachten ohne euch wird für uns komisch sein!« Oma schniefte leicht.

»Ach, nun lass sie doch«, sagte Opa. »Es sind doch nur zehn Tage. Und sie freuen sich auf den Urlaub.«

»Oma? Kannst du mir etwas von deinem leckeren Lebkuchenpudding aufheben?«, fragte Marie. »Den mag ich doch so gerne!«

»Au ja!« Auch ihr Bruder nickte eifrig. »Für mich auch. Und dann noch bitte etwas von den Marzipanhörnchen, ja? Was ist eigentlich in deiner Tüte drin? Hast du uns Proviant für den Flug mitgebracht?«

Oma lachte. »Nein, im Flugzeug gibt es doch Essen. Es ist etwas, das euch alle an Weihnachten daheim erinnern soll. Aber bitte erst im Hotel auspacken, sonst wäre es keine Überraschung. Am besten, ihr verstaut es jetzt erst einmal in einem der Koffer. Es ist so gut verpackt, dass es nicht kaputtgehen kann.«

Theresa stützte sich auf ihren Trolley. »Auf keinen Fall in meinem, da passt nichts mehr rein!«, rief sie. »Ich musste schon die Hälfte meiner Schminksachen zu Hause lassen, weil Mama mir keinen größeren Koffer geben wollte!«

Mama verdrehte die Augen. »Ja, denn wir fliegen für acht Tage weg und nicht für acht Wochen!«

Marie griff nach der Tüte. »Es ist zumindest nicht schwer und scheint weich zu sein.«

»Plätzchen!«, schrie Gabriel so laut, dass sich einige Leute am Flughafen umdrehten. »Es sind bestimmt Omas Weihnachtsplätzchen! Lecker! Die kann ich nicht einpacken, sonst halte ich es bis zum Hotel nicht aus und werde sie alle aufessen.«

Marie roch an der Tüte. »Sind das die mit den Walnüssen oder mit dem Schokoladenüberzug? Ich kann nichts riechen, aber bei mir sind sie auf jeden Fall gut aufgehoben.« Sie schob die Tüte in die Innentasche ihres Koffers.

Oma machte ein geheimnisvolles Gesicht. »Ich verrate nichts.«

»Und was werdet ihr an den Feiertagen machen?«, fragte Theresa die Großeltern.

»Eure Tante und Onkel kommen uns wie immer besuchen und die kleine Carolin wird als Einzige die Sachen unter dem Tannenbaum auspacken. Schade, dass ihr diesmal keine Weihnachtslieder für uns alle singen werdet. Das war letztes Jahr so schön!«

Die Zwillinge tauschten einen vielsagenden Blick. Wenn Oma wüsste, wie wenig Lust sie immer dazu hatten!

»Die Carolin kann ja allein für euch singen«, meinte Gabriel. »Aber sie soll bloß die Finger von meinem Geschenk lassen!«

Als eine Stunde später ihr Flug aufgerufen wurde, bekam Oma feuchte Augen. »Ich wünsche euch einen schönen Urlaub, aber vor allem gesegnete Weihnachten, ihr Lieben!«, wiederholte sie immer wieder. »Und sobald ihr zurückkommt, kommt ihr uns besuchen, ja?«

Der vierstündige Flug ging schnell vorbei, die Fahrt vom Flughafen zum Hotel dauerte nur eine halbe Stunde und so kamen die Ritters am späten Freitagabend in ihrer Hotelanlage an. Es war schon dunkel und man konnte nicht viel erkennen.

»Wo ist das Meer?«, fragte Marie.

»Das Hotel liegt nicht direkt am Strand, aber ich bin mir ganz sicher, dass das Meer nicht allzu weit weg sein wird«, sagte Papa, während sie ihre Koffer in die Empfangshalle schoben.

An der Rezeption stand ein kleiner, künstlicher Tannenbaum, der mit bunten Lichtern geschmückt war, und von der Decke hing ein rotes Banner mit der Aufschrift »Feliz Navidad, Merry Christmas, Frohe Weihnachten«.

»Siehst du irgendwo einen richtigen Weihnachtsbaum?«, fragte Marie ihre Schwester.

Theresa sah sich um. »Nein, nur die Miniversion da
an der Theke.«

Das war eine Enttäuschung. Aber Marie tröstete sich
mit dem Gedanken, dass die Dekoration wahrscheinlich in den Speise- und Aufenthaltsräumen sein würde.

Der Portier überreichte Familie Ritter die Schlüssel
zum Appartement, das im zweiten Stock lag. Im Fahrstuhl lief das Lied »White Christmas« in Dauerschleife
und Marie fragte sich, ob es hier jemals schneite.

»Es gibt übrigens zwei Schlafzimmer und einen
Wohnraum«, erklärte Mama, sobald sie den mit Holz-
möbeln eingerichteten Raum betraten. »Wir müssen
uns überlegen, wie wir die Betten aufteilen.«

»Ich möchte natürlich ein Zimmer für mich allein!«,
rief Theresa. »Die Twins-Pins können sich ein Zimmer
teilen, oder?«

»Mama und ich belegen das eine Schlafzimmer«,
meinte Papa. »Ich dachte, dass ihr Mädchen den zweiten Schlafraum nehmt und Gabriel die ausziehbare
Couch im Wohnzimmer.«

Marie zuckte mit den Schultern. »Mir ist es egal. Ich bin jetzt müde und will ins Bett. Ich kann auch die Couch nehmen.«

»Nein, dann nehme ich die Couch!«, rief ihre ältere Schwester. »Ich will wenigstens etwas Privatsphäre! Wenn ich schon kein eigenes Schlafzimmer haben kann, dann will ich den Wohnraum. Gibt es hier W-Lan?« Sie zog ihr Handy aus der Tasche.

Gabriel winkte ab. »Nix da. Ich bin ein Junge und brauche die Privatsphäre. Marmelade und T-Rex nehmen das Schlafzimmer und ich bleibe hier.«

»Nein! Du bekommst nicht meine Couch!« Theresas Stimme wurde ein wenig lauter.

»Es ist nicht deine Couch! Oder hast du sie etwa bezahlt?«

»Du doch auch nicht, Gabi!«

»T-Rex! Du willst doch nur den Fernseher nutzen, aber das will ich auch!«

Mama mischte sich ein. »So, Schluss jetzt! Ich habe genug gehört. Wir machen es ganz anders: Theresa und Gabriel teilen sich das zweite Schlafzimmer und Marie bekommt die Couch. Basta und keine Widerrede!«

»Nein!« Das war Theresa. »Gabi ist doch ein Junge!«

»Auf keinen Fall!« Gabriel übertönte sie noch. »Sie ist ein Tyrannosaurus Rex!«

»Finde ich gut! Warum sollt ihr immer bevorzugt werden, ich bin auch noch da!« Marie war plötzlich wieder hellwach. »Immer muss ich mich fügen!«

»Ich bin aber die Älteste!«

»Ruhe jetzt, sofort! Der Urlaub fängt ja gut an!« Papa klatschte erbost in die Hände. »Theresa, du legst als erstes dein Handy weg! Ich dachte, wir wollten eine Weihnachtszeit ohne Streit? Ich erwarte, dass ihr euch benehmt, sonst könnt ihr die Bescherung vergessen!«

Theresa stampfte wütend mit dem Fuß auf. »Aber dann lass mich ...«

»Theresa, es ist mein Ernst.« Papas Stimme duldete keinen Widerspruch. »Ein Wort noch und du kannst dir deine Geschenke abschminken.«

»Den Schminktisch abschminken, hihihi«, kicherte Gabriel leise und erntete einen bösen Blick seiner großen Schwester.

Auch Mama sah ihn streng an. »Du denkst, dich betrifft das nicht? Wir haben die Reise gebucht, um uns

ohne Streit und Hektik zu erholen. Wer das verhindert, bekommt keine Geschenke, ist das klar?«

Gabriel zog einen Schmollmund, Theresa auch und Marie schluckte den bissigen Spruch, den sie hatte loswerden wollen, herunter. Lieber Mama und Papa nicht auf die Palme bringen! Auf ihre Geschenke verzichten wollte sie nämlich auf keinen Fall.

»Wenn ich noch einmal eine Beleidigung höre, einen unmöglichen Spitznamen oder einen Streit, dann könnt ihr die Bescherung vergessen«, sagte Papa. »Es muss doch mal möglich sein, sich miteinander zu vertragen! Wir sind im Urlaub. Haben wir uns verstanden?«

»Und es ist Weihnachten, das Fest der Liebe«, ergänzte Mama.

Die drei Geschwister schwiegen.

»Ich erwarte eine Antwort«, Papa sah seine Kinder ernst an.

Marie nickte als erste. »Ja, ich finde Streit auch blöd.«

Gabriel, der seine beiden Schwestern musterte, grinste. »Ich bin es gewohnt, mit einem Mädchen auszukommen, schließlich bin ich ein Zwilling und musste mir schon Mamas Bauch mit Marie teilen. Wenn The-

resa sich benimmt, dann kann sie die Hälfte von meinem Reich haben.«

Marie sah ihrer großen Schwester an, dass diese ziemlich wütend war. Aber offensichtlich hatte Papas Drohung etwas bewirkt, denn sie winkte schließlich ab. »Also gut, dem Schminktisch zuliebe werde ich mich opfern und es mit dem Langhaar-Monster ein paar Tage ausprobieren.« Ihre Stimme wurde ziemlich leidend. »Obwohl ich das ganz schön fies von euch finde! Und unmöglich, mir das zuzumuten! Das ist klare Erpressung! Aber eins will ich klarstellen: Sollte sich Gabriel nicht benehmen oder in meinen Sachen herumschnüffeln, dann fliegt er ruck-zuck aus dem Zimmer raus!«

»Deine Sachen interessieren mich überhaupt nicht! Oder meinst du, ich beschäftige mich mit so bescheuerten Dingen wie Nagellack und Lippenstift?«

Mama nickte. »Dennoch hat Theresa recht – aber umgekehrt gilt es genauso. Ihr beide seid Geschwister und vertragt euch gefälligst! Das Zimmer ist groß genug, die Betten stehen weit auseinander, sodass jeder seine Privatsphäre haben dürfte.«

»Ich schlage vor, wir stellen den Tisch in die Mitte des Zimmers als Trennwand und Grenze«, meinte Gabriel. »Dann muss ich dich nicht sehen, wenn ich in meinem Bett liege.« Er marschierte in den Schlafraum.

»Gute Idee! Und es wird genau vermessen, wie viel Platz jeder hat!« Theresa schob ihren Trolley hinterher, das Handy fest umklammert. »Und ich hoffe, dass das W-Lan funktioniert und dass du nicht schnarchst!«

Kapitel 5

Wo ist die Überraschung?

Als Marie am nächsten Morgen wach wurde, war es in den beiden Schlafzimmern noch mucksmäuschen-still. Durch den Spalt hinter den Fenstervorhängen fielen Sonnenstrahlen in den Wohnraum, und sie merkte, dass sich ihre Nase nicht so kalt anfühlte wie zu Hause.

»Hier ist es wirklich warm«, dachte sie erstaunt. »Und morgen ist der vierte Adventssonntag! Wie seltsam!«

Sie sprang aus dem Bett und lief zu der Glastür, die auf einen kleinen Balkon führte. Vom Balkon aus sah sie direkt auf einen ovalen Swimmingpool, der von beigefarbenen Liegen, blauen Sonnenschirmen und grü-

nen Palmen umgeben war. Gleich dahinter befand sich ein zweites Schwimmbecken, das um eine kleine Insel angelegt war, auf der ein riesengroßer, aufgeblasener, roter Weihnachtsmann stand. Er war von mehreren Seiten mit Seilen befestigt und wiegte sich im Wind leicht hin und her.

Irgendwie wirkte er völlig fehl am Platz.

»Guten Morgen, Mariechen!« Mama stand auf einmal hinter ihr und gähnte. »Ist es nicht herrlich hier? Ein schöner sonniger Morgen wie im Sommer. Und zu Hause regnet es bestimmt immer noch!«

Marie nickte. »Seltsam ist es trotzdem, findest du nicht? Wir haben keinen Weihnachtsschmuck im Appartement und auch keinen Adventskranz. Einen richtigen Tannenbaum habe ich auch noch nicht gesehen, und sieh mal, wie albern der Gummi-Weihnachtsmann am Schwimmbecken aussieht.«

»Stimmt, der ist echt albern, aber immerhin haben sie überhaupt einen aufgestellt.« Ihre Mutter streichelte ihr über das Haar. »Du magst Weihnachten genauso gern wie ich, nicht wahr? Ich bin wirklich gespannt, wie die Weihnachtstage hier im Hotel gefeiert werden.

Bestimmt gibt es einen großen geschmückten Tannenbaum im Speiseraum oder so.«

Eine halbe Stunde später waren alle Ritters wach und
tummelten sich im Badezimmer, das für fünf Personen
ein wenig zu klein war.

»Wir brauchen einen Plan«, rief Papa, während er
sich zu rasieren versuchte. »Zuerst die Männer, dann
die Frauen. Gabriel, mach dich etwas kleiner, ich sehe
den Spiegel nicht mehr!«

»Boah, Papa! Ich putze doch meine Zähne!«

»Die Frauen dürfen zuerst rein und dann ihr Männer«, meinte Marie. »Wir brauchen schließlich länger
im Badezimmer.«

»Ich finde, es sollte nach Alter gehen«, mischte sich
Theresa ein. »Die Jüngsten sind zum Schluss dran. Da
Gabriel acht Minuten jünger ist als Marie, hat er leider
Pech gehabt!«

»Tyranno...«, begann Gabriel, aber als er Papas prü-
fenden Blick bemerkte, korrigierte er sich schnell: »The-

resa hat heute Nacht im Schlaf gesprochen. Sie meinte, sie sei in einen Philipp verliebt, hihi!«

»Was?! Nein! Stimmt doch gar nicht! Mama, jetzt sag doch mal was!«

Marie war froh, dass sie bereits fertig war und das Badezimmer verlassen konnte. Es sah ganz danach aus, als ob ihre Geschwister wieder kurz vor einem Streit stünden. Sie schnappte sich ihren Koffer und beschloss, einige Sachen in die Kommode zu legen, die unter dem Fernseher stand.

Während sie T-Shirts und Hosen auspackte, fiel ihr Omas graue Tüte wieder ein.

Sie sollten sie erst im Urlaub auspacken, also war jetzt der richtige Zeitpunkt, oder? Was da wohl Weihnachtliches drin war?

Aus dem Bad kamen noch immer Stimmen, aber sie klangen eher belustigt als wütend.

»Leute!«, rief sie. »Ich packe jetzt Omas Geschenktasche aus! Wollt ihr dabei sein?«

»Jaaa! Unbedingt!« Die Antwort kam postwendend. »Fang bloß nicht an, das alleine auszupacken!«

Wenige Minuten später war die Familie vollzählig und blickte gespannt auf Maries Koffer.

»Wenn es die Plätzchen sind, dann teilen wir die gerecht auf«, mahnte Gabriel.

»Und sie werden nicht vor dem Frühstück vertilgt«, ergänzte Mama.

»Vielleicht sind es doch schon Weihnachtsgeschenke?«, mutmaßte Theresa.

Marie holte die graue Tüte hervor. Sie war oben mit zwei Druckknöpfen verschlossen und Marie öffnete diese mit einem Ruck.

»Was ist denn das …?« Sie zog ein Päckchen heraus, das in eine milchig-weiße Folie gewickelt war, durch die etwas Grünes hindurchschimmerte.

»Auf jeden Fall nichts zu essen«, stellte ihr Zwillingsbruder enttäuscht fest.

Theresa zeigte auf einen Zettel, der auf der Rückseite befestigt war. »Oma und Opa haben uns noch etwas geschrieben«, sagte sie.

Marie nahm den Zettel und las laut vor:

Ihr Lieben!

Damit ihr auf euren eigenen Weihnachtsbaum im Urlaub nicht verzichten müsst, haben wir euch eine Luftmatratze gekauft, die als weihnachtlicher Ersatz dienen soll.

Denkt dabei an uns – und wir denken an euch.

Viel Spaß damit und frohe Weihnachten,

Oma und Opa.

Sie sah in die Gesichter der anderen. »Verstehe ich nicht. Was hat das mit einem Weihnachtsbaum zu tun?«

Mama lachte. »Typisch meine Eltern. Ich kann es mir schon denken … Hol doch mal das Ding heraus, Mariechen.«

Die Zwillinge breiteten die Luftmatratze aus und Gabriel fing sogleich an, Luft hinein zu pusten.

Er war ganz rot im Gesicht, aber nach und nach konnte man erkennen, was Marie längst ahnte: Die Luftmatratze hatte die Form einer Tanne.

Theresa kicherte. »Oh, Tannenbaum, oh Tannenbaum, die Oma sitzt im Kofferraum.«

»Cool«, meinte Gabriel, »dann springe ich damit nachher gleich ins Wasser.«

»Und wir müssen diesen Baum nicht schmücken«, grinste Papa.

Marie betrachtete die Luftmatratze und dachte an den aufgeblasenen Nikolaus draußen am Pool. Sollte jetzt so die ganze Feiertagsdekoration aussehen? Sie sagte es nicht laut, aber ganz so lustig wie die anderen fand sie es nicht.

Beim Frühstück bestätigte sich ihre Vermutung: Das riesige Restaurant war alles andere als gemütlich. Es gab zahlreiche viereckige Tische und ein langgezogenes Büffet mit verschiedenen Speisen. Kinder und Erwachsene liefen hin und her, klapperten mit dem Geschirr und unterhielten sich lautstark. Abgesehen von einigen weißen Lichterketten über dem Büffet und ein paar Vasen mit grünen Zweigen war im Speiseraum von Weihnachtsdekoration nicht viel zu sehen. Marie ärgerte sich, ihren Adventskranz nicht doch noch mitgenommen zu haben, dann hätte man ihn auf ihren Tisch stellen und die Kerzen anzünden können.

Sie tröstete sich mit dem Gedanken, dass sie wenigs-

tens gutes Wetter hatten und bald am Strand sein würden. Marie freute sich schon auf das Meer. Vom Hotel aus konnte man es nur auf einer Seite in der Ferne erkennen.

Mama schien ihre Gedanken zu erraten. »Schade, kein echter Tannenbaum im Restaurant. Na, ich hoffe, dass wir die Festtage dennoch schön verbringen werden.«

Marie nicke. »Zumindest musst du kein Weihnachtsessen kochen. Und abends, wenn es dunkel ist, ist es ja bestimmt wesentlich gemütlicher.«

»Habt ihr die Speisen gesehen? Lecker! Da gibt es sogar Würstchen mit Speck und Waffeln!« Gabriels Ansprüche schienen dagegen mehr als erfüllt.

Sie suchten sich einen freien Tisch und ließen sich ihr Frühstück schmecken.

»Also, das ist ein Urlaub für mich«, meinte Papa mit vollem Mund. »An einem gedeckten Tisch sitzen und nichts tun müssen.«

»Klar, ist schon cool, obwohl sooo viel Arbeit macht ein Frühstück nun auch wieder nicht«, gab Theresa zurück. »Und ein wenig laut ist es hier auch, findet ihr nicht?«

Marie dachte, dass das Restaurant überhaupt keine

Gemütlichkeit ausstrahlte. Sie konnte sich nicht vorstellen, wie hier eine Weihnachtsstimmung aufkommen sollte, sagte es aber nicht laut. Ihre Eltern schienen so entspannt zu sein, da wollte sie nicht als Spielverderberin dastehen.

Beim Verlassen des Speisesaals wurden sie von einem jungen Mann angesprochen. »Hey. Hallo! Ich bin Ronny, der Chef-Animateur!« Er trug ein orangefarbenes T-Shirt und eine knielange Jeans und hatte die Haare zu einem Zopf im Nacken gebunden. »Seid ihr gerade erst angekommen?«

Theresa strich sich die langen Haare glatt und lächelte ihn an. »Woran siehst du das?«

»Ihr seid blass. Die Neuen sind immer blass.«

»Und du kommst aus Deutschland?«, fragte Gabriel.

Der Animateur nickte. »Hier im Hotel sind fast nur deutschsprachige Gäste und danach wird auch das Team ausgewählt. Wenn ihr irgendwelche Fragen habt, dann kommt jederzeit auf mein Team oder mich zu.«

Marie überlegte nicht lange. »Wo geht's denn hier bitte zum Weihnachtsbaum? Und wie weit ist es bis zum Strand und wie kommt man dorthin?«

Ronny kratzte sich am Kopf. »Der Weihnachtsbaum steht in der Rezeption, den müsstet ihr eigentlich schon gesehen haben. Und zum Strand ist es ganz schön weit. Der nächste Sandstrand liegt ca. zwanzig Minuten mit dem Auto entfernt. Aber hey, warum zum Strand, wenn ihr hier abhängen und chillen könnt?«

Es gab also tatsächlich nur das Plastik-Ungetüm, dachte Marie enttäuscht. Keinen echten nach Wald und frischen Zweigen duftenden Tannenbaum.

»Aber wir haben kein Auto«, bemerkte Gabriel. »Kommt man da auch mit dem Bus hin?«

»In der Sommersaison gibt es ein Shuttle. Jetzt im Winter ist es am Meer zu windig und das Wasser zu kalt, deshalb gehen nicht viele Touristen hin. Es gibt also keinen Bus.«

Theresa zuckte mit den Schultern. »Ich will sowieso lieber am Pool bleiben und meine Ruhe haben.«

Ronny nickte. »Der ist beheizt. Wir spielen dort nachher eine Runde Wasserball. Und heute Nachmittag gibt es ein Fußballturnier. Kommt vorbei, wenn ihr mitmachen wollt. Ach ja, und morgen veranstalten wir am großen Pool einen Weihnachtsmarkt. Wer will, kann dann beim Aufbau helfen. Nach dem Frühstück geht's los.«

Marie atmete auf. Okay, Weihnachtsmarkt hörte sich gut an. Sie war froh, dass die Adventszeit hier offenbar doch noch in irgendeiner Form gefeiert wurde.

Der Animateur ging weiter und die Eltern sahen ihre Kinder an. »Ihr habt es gehört: Wenn ihr Lust habt, dann könnt ihr zu den Aktivitäten hingehen. Wir werden uns ganz entspannt an den Pool legen.«

Wie sich aber später herausstellte, fiel das Wasserball-Turnier aus, weil sich nicht genügend Freiwillige gemeldet hatten. Theresa wollte chillen, Marie nur zuschauen und lediglich Gabriel und zwei kleinere Jungen waren zum Mitmachen bereit.

Marie steckte ihren großen Zeh ins Wasser und erschauerte. »Das soll beheizt sein?«, fragte sie ihren Bruder. »Das Wasser ist total kalt.«

»Stell dich nicht so an, Marmelade«, meinte dieser. »Das härtet ab. Ich gehe ins Schwimmer-Becken und nehme mein Training wieder auf.«

Doch auch Maries zweiter Versuch scheiterte. Sie versuchte, sich auf die Tannenbaum-Luftmatratze

67

zu legen, aber sobald sie ein paar Wasserspritzer abbekam und den Wind spürte, bekam sie eine Gänsehaut.

»Mariechen, hast du gesehen, dass die Palmen hier mit Lichterketten geschmückt sind? Die gehen fast als Weihnachtsbäume durch«, sagte ihre Mama, als Marie ihre Schwimmversuche aufgegeben hatte und sich auf einer Liege ausstreckte. »Ich befürchte, wir müssen uns ansonsten mit dem kleinen Kunstbaum an der Rezeption abgeben. Und wir haben ja auch noch Omas Luftmatratze.« Sie lachte.

Marie lachte mit, aber vor ihrem inneren Auge sah sie den prächtigen Tannenbaum, den sie letztes Jahr mitten im Wohnzimmer aufgestellt hatten. Drei Stunden lang hatte sie ihn liebevoll geschmückt!

»Na ja, wie sagt Opa immer: Ein echter Baum ist ein echter Baum«, ahmte sie den Tonfall ihres Großvaters nach. »Und er hat recht damit.«

»Natürlich«, nickte ihre Mama. »Aber stell dir vor, was wir jetzt zu Hause machen müssten! Es ist Samstag und ich wäre garantiert mit Einkäufen beschäftigt. Dann würde ich vermutlich Plätzchen backen und euch

dabei einspannen. An das Spülen und Aufräumen will ich gar nicht erst denken!«

Marie fand, dass es sich jetzt gar nicht nach Arbeit anhörte, sagte aber nichts. Mama hatte sich ein wenig Erholung wirklich verdient.

»Boah, erinnere mich nicht daran!«, stöhnte Theresa, die ihre Unterhaltung offenbar mitbekommen hatte. »Du wirst an jedem Adventssamstag immer hektischer, Mama. Und am Tag vor Heiligabend ist es am Schlimmsten. Ich weiß gar nicht, warum wir immer so viel tun müssen! Chillt mal eine Runde, das ist so herrlich hier!« Sie schob sich ihren Kopfhörer auf die Ohren und schaute auf das Display ihres Handys. »Nur das Handy-Netz könnte besser sein, ich habe die ganze Zeit so gut wie keinen Empfang!«

»Wisst ihr, worauf ich mich jetzt schon freue?«, sagte Mama und lächelte. »Dass ich mich an den Weihnachtstagen in einem hübschen Kleid an einen festlich gedeckten Tisch setzen und ein Essen genießen kann, ohne vorher stundenlang in einer Küche gestanden zu haben. Vielleicht gehe ich sogar dafür zum hoteleigenen Friseur. Und Papa hat extra einen Anzug einge-

packt. Wir machen uns alle schick und lassen uns bedienen, ja?«

»Das finde ich auch cool«, stimmte Theresa ihr zu. »Ich habe mir für den Weihnachtsabend mein schönstes Kleid eingepackt, das aus schwarzem Samt. Und die Haare werde ich mir hochstecken. Und du, Marie?«

»Ich habe den braunen Cord-Rock und die beigefarbene Bluse dabei.«

Da kam plötzlich Gabriel angeschwommen und machte sich einen Spaß daraus, die weiblichen Familienmitglieder mit Wasser zu bespritzen.

»Hey. Pass doch auf! Mein Handy!«, motzte Theresa ihn an und Mama beschwerte sich, dass das Wasser zu kalt sei und hielt sich schnell ein Handtuch vor ihren Badeanzug.

»Ich langweile mich, wenn ich nichts zu tun habe«, sagte Gabriel und ließ sich auf die Liege neben Marie fallen. »Hier ist nicht viel los. Kaum Kids in unserem Alter, nur Zwerge in Pampers.«

»Warum schwimmst du nicht einfach?«, fragte seine Schwester. »Du warst gerade mal fünfzehn Minuten weg.«

Gabriel trocknete sich die blonden Haare ab. »In allen Becken planschen Kleinkinder mit Schwimmflügeln und da kann ich keine Bahnen ziehen. Das ist hier irgendwie nicht so gut geregelt, wie ich dachte.«

Nach dem Mittagessen kam eine Durchsage, dass das Fußballturnier leider ausfallen müsse.

Gabriel seufzte. »Auch das noch! Jetzt weiß ich gar nicht, womit ich mich noch beschäftigen soll! Ich habe keinen Bock, hier auf der Liege zu sitzen!«

Marie reichte ihm ihr Comicheft. »Hier, habe ich schon ausgelesen, kannst du haben. Ich lese ein Buch, dann geht die Zeit gut rum. Morgen können wir beim Aufbau des Weihnachtsmarktes helfen, dann haben wir etwas zu tun.«

Gabriel grinste. »Hört sich gut an! Ich bin gespannt, was für leckere Sachen die hier anbieten werden.«

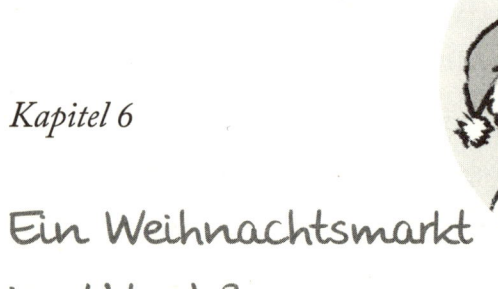

Kapitel 6

Ein Weihnachtsmarkt im Urlaub?

Der vierte Adventssonntag begann wieder mit strahlendem Sonnenschein. »In kurzer Hose und mit T-Shirt bin ich an diesem Tag noch nie herumgelaufen«, sagte Marie, als sie zum Frühstück gingen.

»Das ist irgendwie crazy«, stimmte ihr Theresa zu. »Heute Nacht habe ich vom Schlittenfahren geträumt!«

Im Speisesaal trafen die Ritters Ronny und zwei andere Animateure.

»Wir wollen euch gleich beim Weihnachtsmarkt helfen«, verkündete Marie, während sie nach einem Tisch Ausschau hielten.

Ronny nickte. »Sehr gern! Alle können mitmachen! Um halb elf geht es los mit der Mini-Weihnachtsdisco. Am großen Pool ist Treffpunkt, dann werden die Stände aufgebaut.«

»Mini-Weihnachtsdisco?«, wiederholte Gabriel, als sie endlich einen Tisch gefunden und Platz genommen hatten. »Was soll das sein?«

»Tanzen für Kinder, nehme ich an«, meinte Theresa und bestrich ihr Brötchen mit Erdbeermarmelade. »Mach schön mit, Gabi-Kind, dann bekommst du einen Lutscher zur Belohnung.«

»Mama!« beschwerte sich Gabriel. »Der T-Rex stichelt schon wieder! Und sie hat angefangen!«

Bevor die Eltern reagieren konnten, mischte sich Marie ein. »Ob die dort auch eine spanische Krippe haben werden? Ich habe gelesen, dass die Spanier Wert auf eine große Krippe legen.«

»Ich kenne nur die Spanische Grippe«, murmelte Theresa, während sie sich Orangensaft einschenkte. »Was soll denn eine spanische von einer deutschen Krippe unterscheiden, Marie? Meinst du, Josef ruft Olé oder statt des Ochsen gibt es einen Stier?«

Alle lachten und Marie dachte, dass ihre Schwester vermutlich recht hatte. Eine Krippe war eine Krippe.

Theresa kontrollierte ihr Handy. »Wieder kein Empfang. Ich denke, ich mache auch bei den Vorbereitungen mit. Den ganzen Tag wieder nur Musik hören, ist auf Dauer zu langweilig. Vielleicht kann ich eine Hütte dekorieren oder so.«

Gabriel nickte. »Tanzen werde ich garantiert nicht, aber mithelfen will ich auch. Mal sehen, was es zu essen gibt.«

»Du frühstückst doch gerade!«, wunderte sich Mama.

»Na und? Ich bewege mich schließlich auch viel und brauche viel Energie. So ein Snack zwischendrin hat noch niemandem geschadet«, antwortete Gabriel.

Marie fragte sich, wie schnell sie die Buden aufbauen würden, wenn am gleichen Tag der Weihnachtsmarkt beginnen sollte. Als sie vorhin auf der Terrasse stand, war von Holzhütten am Pool noch nichts zu sehen.

»Dann wünschen wir euch viel Spaß«, meinte Mama. »Papa und ich gehen eine Runde spazieren. Wir kommen dann später dazu. Ich freue mich schon auf den Weihnachtsmarkt.«

Pünktlich um halb elf fanden sich die drei Geschwister am großen Swimmingpool ein. Ein großes Papp-

schild verkündete, dass hier gleich ein »Weihnachtsmarkt« stattfinden würde. Die Animateure waren
gerade dabei, ein paar Liegen zur Seite zu schieben, um
Platz für Tische zu schaffen, die sie nebeneinander auf-
stellten. Etwa zwanzig kleine Kinder in Badeanzügen
und -hosen standen um zwei Betreuer herum und setz-
ten sich rote Nikolausmützen auf.

»Mir ist warm am Kopf!«, beschwerte sich ein kleiner
Junge. »Warum muss ich die anziehen?«

Eine der Betreuerinnen beugte sich zu ihm hinunter.
»Felix, wir machen doch jetzt den Weihnachtsmarkt«,
erklärte sie. »Und gleich tanzen wir auch!«

»Den Ententanz?«, fiel ihr der Junge ins Wort.

»Den auch. Aber zuerst ein paar Weihnachtstänze, ja?
Deshalb sollt ihr cool aussehen und braucht die Müt-
zen! Danach spielen wir, okay? An den Ständen wird es
viele Überraschungen geben!«

Marie fragte sich, welche Stände sie meinte, denn
bisher war nicht viel davon zu sehen.

Ihre Schwester schien sich die gleichen Fragen zu
stellen. Sie zog Ronny am Ärmel, der eine Musikanlage
aufbaute.

»Wobei sollen wir helfen?«, fragte sie. »Hier ist ja noch nicht viel aufgebaut.«

Der Animateur reichte ihr ein Paket Papiertischdecken mit Tannenbaum-Motiven. »Super, danke! Das geht ratzfatz, wirst schon sehen! Die Papierdecken kommen auf die Tische drauf. Weil es heute windig ist, musst du sie mit Tesafilm befestigen. Dann stellst du die Lampions auf.« Er deutete auf ein paar Kürbisse, die in einem Karton standen.

»Aber das sind ja Kürbisse!«, rief Marie. »Was hat das mit Weihnachten zu tun?«

»Ist doch egal«, meinte Ronny. »Ist noch von Halloween übrig geblieben. Hauptsache, es sieht cool aus. Die Kerzen darin werden sowieso nicht angezündet, weil es zu gefährlich für die Kleinen ist.«

Marie, Theresa und Gabriel sahen sich an, sagten aber nichts. »Wo sind denn die Buden?«, fragte Gabriel.

»Buden?« Einer der Animateure schaute ihn verständnislos an. »Was für Buden?«

»Na … Weihnachtsbuden, die Stände, Holzhütten. Es soll doch ein Weihnachtsmarkt werden, oder?«

Ronny zuckte mit den Schultern. »So etwas haben wir

hier nicht, wo sollten wir das lagern? Nee, wir machen die Tische fertig für das Dosenwerfen und den Seifenblasen-Wettbewerb und dann geht es auch schon los.«

Dosenwerfen und Seifenblasen-Wettbewerb?

Was hatte das mit einem Weihnachtsmarkt zu tun?

»Also gibt es gar keine richtigen Weihnachtsstände mit einer Krippe oder so was?« Marie gab die Hoffnung noch immer nicht auf.

Ein anderer Animateur mischte sich ein. »Mensch, die hat ja recht! Wir hätten fast die Knet-Krippe vergessen! Kann die einer aus dem Lager holen? Hoffentlich ist da nichts abgebrochen!«

»Ihr habt eine Krippe aus Knete?«, wiederholte Gabriel ungläubig.

Ronny nickte. »Ja, der Miniclub hat irgendwann ein paar Figuren geknetet. Gut, dass ihr uns daran erinnert habt, dann kann die Krippe nach dem Weihnachtsmarkt im Speisesaal aufgestellt werden, sofern sie ganz bleibt. Schließlich ist ja bald Heiligabend. Da gibt es übrigens eine richtig fette Party! Bleibt ihr über die Feiertage hier?«

Die Geschwister nickten und Ronny klopfte Ga-

briel auf die Schulter. »Super! Dann müsst ihr noch Rock'n'Roll lernen, oder könnt ihr das schon? Wir machen immer eine Heiligabendparty und die wird mit einem Rock'n'Roll eröffnet. Als Flashmob, das ist so geil! Erst fängt einer an zu hüpfen, dann der zweite, dann der dritte – und nach und nach kommen alle dazu und rocken richtig ab! Ab morgen wird hinten an den Tennisplätzen geübt. Kommt auf jeden Fall vorbei!«

»Ihr macht an Heiligabend eine Party?«, hakte Theresa nach. »Gibt es denn vorher ein Weihnachtsessen?«

»Klar! Am Pool gibt es abends ein Barbecue und Musik, das ist echt entspannt. Und dann wird getanzt. Ihr solltet euch aber eine Jacke anziehen, denn der Wind ist frisch und abends ziemlich stark. Am ersten Weihnachtstag machen wir dann einen Schwimmwettbewerb und eine Cocktailparty. Aber ihr müsst euch eintragen, falls ihr mitschwimmen wollt.«

Marie öffnete den Mund und schloss ihn wieder. Das waren zu viele Informationen auf einmal, die sie verdauen musste. Besonders enttäuscht war sie davon, dass es das festliche Weihnachtsessen, von dem sie neulich gesprochen hatten, offensichtlich nicht geben würde.

Und Mama brauchte auch nicht zum Friseur zu gehen, wenn sie draußen im Wind Rock'n'Roll tanzten.

Sie schaute sich um und bemerkte, dass die Hotelgäste, die mittlerweile die Weihnachtsmarkt-Vorbereitungen beobachteten, alle ebenfalls Schwimmsachen anhatten. Eine weihnachtliche Stimmung hier am Hotelpool, mitten in der Sonne, würde sich sowieso nicht einstellen.

»Gibt's gleich auch etwas zu essen?« Gabriel erinnerte sich offenbar an das, was ihn am meisten interessierte. »Gebrannte Mandeln oder Äpfel mit Zuckerglasur?«

»Nee, es gibt doch gleich Mittagessen im Speisesaal«, antwortete Ronny. »Aber wir machen heute Nachmittag einen Schokokuss-Weitwurf-Wettkampf.«

»Man könnte doch Plätzchen backen«, schlug Marie vor, während sie ihrer Schwester half, die Papierdecken an den Tischen zu befestigen. »Das wäre doch eine gute Idee, heute ist schließlich ein Adventssonntag.«

Eine blonde Animateurin schüttelte den Kopf. »Du, das ist zu viel Aufwand. Es gibt doch sowieso täglich Kaffee und Kuchen im Restaurant. Unsere Köche backen auch Stollen und Lebkuchen, den werden wir nachher am letzten Tisch anbieten. Und es werden Weihnachtsbilder gemalt, wenn du willst, dann komm später in den Kinderclub.«

»Was für Weihnachtsbilder? Mit Acrylfarben und so?« Marie überlegte, dass es möglicherweise auch ein Geschenk für die Eltern sein könnte.

»Nee«, sagte die Animateurin. »Wir haben Vorlagen, die könnt ihr mit Buntstiften ausmalen.«

Zum zweiten Mal an diesem Tag öffnete Marie den Mund, um ihn wieder zu schließen. Sobald sich die Animateurin entfernt hatte, prustete Theresa drauflos. »Ja, kleines Mariechen, mal doch ein paar Bildchen für Mami und Papi aus.« Und fügte dann, etwas ernster hinzu: »Sorry, aber ich glaube, so wirklich will hier keiner etwas von der Weihnachtszeit wissen. Wir sollten akzeptieren, dass Weihnachten dieses Jahr ausfällt.«

Wie bitte?!

Weihnachten sollte ausfallen?

Dieser Gedanke behagte Marie ganz und gar nicht. Sie freute sich doch immer auf das Fest!

»Versuch einfach zu chillen und sei froh, dass wir nichts tun müssen«, riet ihr die große Schwester. »Ich

tanze garantiert keinen Rock'n'Roll-Flashmob und die anderen Dinge, die die vorhaben, finde ich auch äußerst merkwürdig, aber es ist nun mal nicht zu ändern. Mich ärgert nur, dass ich mein Samtkleid nicht anziehen kann. Zum Grillen am Pool passt das wirklich nicht.«

»Aber ich dachte, hier würde auch richtig Weihnachten gefeiert werden!«, meinte Marie.

Ronny bekam ihre Worte offenbar mit und zuckte mit den Schultern. »Ja, am Anfang war das für mich auch komisch, weil bei uns daheim alles sehr traditionell abläuft. Nur weißt du, die meisten Leute, die um diese Zeit hierher kommen, hauen eigentlich vor den Feiertagen ab. Sie wollen Sonne und Urlaubsfeeling, und haben auf Weihnachten nicht viel Lust, sonst wären sie nicht hier. Deshalb machen wir auch nicht so viel. Wir richten uns nach den Wünschen der Gäste.«

»Wir wollten zwar vor den Vorbereitungen und vor der Arbeit weglaufen, aber nicht wirklich vor Weihnachten«, murmelte Marie.

»Wann machen wir eeeeeendlich den Ententanz?«, fragte lautstark ein kleines Mädchen. »Die Annika hat

gesagt, dass wir die Minidisco machen. Wann geht es lo-hos?«

»Heute ist es eine Mini-Weihnachtsdisco«, antwortete Ronny. »Ihr könnt euch gleich aufstellen.«

»Aber du darfst den Ententanz nicht vergessen!«, rief die Kleine. »Das ist mein Lieblingstanz!«

Gabriel stellte den letzten Kürbis auf den Tisch und deutete auf das Mädchen. »Irgendwie sieht die wie Klein-Carolin aus«, meinte er. »Richtig putzig.«

»Putzig?« Theresa sah ihn erstaunt an. »Ich dachte, du findest Carolin nervig?«

»Na ja, ganz so schlimm ist sie ja nun auch nicht«, grinste Gabriel.

In diesem Moment klatschte Ronny in die Hände und holte dann ein Mikrophon hervor. »Liebe Gäste«, begann er. »In Deutschland ist es ziemlich kalt, an einigen Orten ist sogar Schnee gefallen, also freuen Sie sich, dass es hier bei uns so sonnig und warm ist.«

Die Leute fingen an zu klatschen, aber Marie zuckte zusammen. »Hast du gehört, was er gesagt hat? Irgendwo hat es geschneit?« flüsterte sie ihrer Schwester zu. »Haben die es gut!«

»Heute laden wir euch alle zu unserem kleinen Weihnachtsmarkt ein!«, fuhr Ronny lautstark fort. »Es gibt Spielstände und Wettkämpfe. Wir wünschen viel Spaß und starten mit Hilfe unserer jüngsten Gäste mit der Mini-Weihnachtsdisco!«

Eine fetzige Version von »Jingle Bells« ertönte und war so laut, dass die Gäste von ihren Sonnenliegen hochschreckten. Die Animateure stellten sich in einer Reihe auf und machten Tanzbewegungen. Die jüngeren Kinder schienen darauf nur gewartet zu haben, denn sie scharten sich davor und ahmten alles nach, was ihnen vorgemacht wurde.

»Alles klar, das ist die Minidisco«, stellte Gabriel fest. »Mach doch mit, T-Rex!«

Theresa boxte ihn in die Seite. »Nur, wenn du bei dem Flashmob an Heiligabend dabei bist, Gabi!«

»Auf gar keinen Fall! Marmelade? Machst du mit?«

Marie verdrehte die Augen. »Bestimmt nicht! Was hat das noch mit Heiligabend zu tun?«

Ihre große Schwester lachte. »Voll das Kontrastprogramm zum Krippenspiel und der Bescherung, oder?«

Gabriel und Marie nickten. »Ehrlich gesagt weiß ich

jetzt gar nicht, ob ich hier überhaupt Geschenke aufmachen möchte«, sagte Marie. »Hier gibt's ja nicht mal einen Weihnachtsbaum. Und der gehört doch irgendwie dazu, oder etwa nicht?«

Ihr Bruder sah sich um. »Also hier am Pool kann ich mir das auch nicht vorstellen und in unserem Appartement hätten wir ja nur Omas Baummatratze, die wir senkrecht aufstellen könnten.«

»Eine bescheuerte Vorstellung, Gabel!« rief Marie. »Wir sollen unter einer Luftmatratze Bescherung machen?«

Theresa kicherte. »Das ist wirklich eine idiotische Idee. Sollen wir uns vielleicht noch Schwimmflügel dazu anziehen, oder was?«

»Als Engel-Ersatz«, prustete Marie. »Dann können wir wirklich noch ›Atemlos‹ singen oder den ›Ententanz‹ aufführen, darauf käme es dann auch nicht mehr an.«

Die drei Geschwister mussten so laut lachen, dass sich die umstehenden Urlauber umdrehten.

»Seid doch mal ein bisschen leiser, ich bekomme nichts von der Kinderdisco mit«, sagte eine stämmige

Frau, die direkt neben ihnen stand. »Gleich fängt auch der Weihnachtsmarkt an.«

Theresa verdrehte die Augen. »Twins-Pins«, sagte sie zu den Zwillingen, »ich glaube, ich gehe wieder zurück auf meine Liege. Ich habe weder Lust aufs Dosenwerfen noch auf Bildchen ausmalen.«

»Ich komme mit«, sagte Marie, die von diesem »Weihnachtsmarkt« mehr als enttäuscht war.

Gabriel dagegen schüttelte den Kopf. »Ich bleibe noch. Eine Runde Dosenwerfen kann ja nicht schaden. Ich habe gehört, dass man auch Preise gewinnen kann.«

Als die beiden Schwestern lustlos zu ihren Plätzen zurückschlenderten, sah Theresa Marie von der Seite an. »Weißt du, was komisch ist? Zu Hause wollte ich nicht helfen, und hier habe ich freiwillig Tische aufgebaut, dekoriert und hätten auch sogar freiwillig gern gebacken! Crazy, oder?«

»Vielleicht magst du Weihnachten ja doch ganz gern?«, gab Marie ihr zu denken.

In diesem Moment kamen vom Pool lautstarke »Ententanz«-Rufe. Marie konnte hören, wie Ronny die

Kinder dazu animierte, »wenigstens noch ein Weihnachtslied durchzuhalten«.

Sie sah ihre Tannenbaum-Luftmatratze an und seufzte. »Ich glaube, ich bekomme gerade Heimweh«, gestand sie ihrer großen Schwester. »Vielleicht ist es doch keine so gute Idee gewesen, mein liebstes Fest im Urlaub zu verbringen.«

Theresa nickte. »Zugegeben, irgendwie habe ich mir diesen Urlaub auch ganz anders vorgestellt.«

Kapitel 7

Ein Überraschungslook
für Gabriel?

Als es Zeit für das Mittagessen wurde, kam Gabriel zurück. In der Hand hielt er einen Zettel. »Beim Entenangeln konnte man Preise gewinnen. Schaut mal, was mein Gewinn ist: ein Überraschungslook beim Hotelfriseur!«, rief er. »Was soll ich damit? Mama, möchtest du den Gutschein haben? Der Termin ist aber schon heute Abend um sechs.«

Mama setzte ihre Sonnenbrille ab. »Was denn für einen Überraschungslook?«

»Keine Ahnung.« Gabriel grinste. »Aber weil dieses Jahr Weihnachten sowieso anders abläuft als sonst, kannst du schon heute Bescherung haben! Auf dem Kopf!«

Mama schüttelte den Kopf. »Danke, aber da mir die Mädchen von der geplanten Heiligabend-Party mit Grillen am windigen Pool erzählt haben, verzichte ich lieber auf den Friseurbesuch. Und ein ›Überraschungslook‹ ist mir dann doch zu riskant. Wer weiß, vielleicht denken die hier, dass ein Karnevals-Look für Weihnachten angemessen wäre?«

Auch wenn ihre Mama grinste, ahnte Marie, dass sie enttäuscht über die Aussicht war, den Weihnachtsabend nicht so verbringen zu können, wie sie es sich gewünscht hatten. Grillen und tanzen gehörten definitiv nicht dazu.

Gabriel warf sich auf seine Liege. »Wer will denn dann hin? Papa?«

»Nein danke, ich bin mit meinen Haaren sehr zufrieden«, sagte Papa.

Marie zögerte. »Wenn ich wüsste, was die ›Überraschung‹ ist, dann würde ich es vielleicht ausprobieren. Vielleicht eine feierliche Flechtfrisur?«

Theresa schaute von ihrem Handy auf. »Ich müsste auch vorher wissen, was dieser Look bewirken will.«

Mama zeigte mit dem Finger auf Gabriel. »Am liebsten wäre mir, du lässt dir endlich die Haare schneiden! Die verdecken dir ja schon die Augen.«

»Gute Idee!«, stimmte Papa ihr zu.

Theresa lachte. »Ja, bitte macht aus Gabi endlich wieder einen Gabriel!«

Ihr Bruder wollte protestieren, aber Marie mischte sich ein: »Ich habe eine Idee: Theresa und ich gehen mit dir hin und schauen, was das für ein ›Look‹ sein soll, ja? Dann können wir uns entscheiden, wer den Gutschein einlöst.«

Gabriel wirkte unschlüssig, nickte aber dann. »Okay. Aber dann muss ich euch beiden nichts mehr zu Weihnachten schenken, dass das mal klar ist!«

Pünktlich um 18 Uhr betraten die drei Geschwister den kleinen Salon »Carmen«, der sich im Untergeschoss des Hotels befand. Schon als sie aus dem Aufzug stiegen, dachte Marie, dass diese Etage wohl die ruhigste im ganzen Hotel sein musste. Hier liefen keine Kinder herum, die Außengeräusche waren nicht zu hören, und es befanden sich dort nur eine Sauna, ein Kosmetikstudio und der Friseursalon.

Bei »Carmen« gab es zwar lediglich drei Frisierplätze mit Spiegeln, aber dafür mehr Weihnachtsdekoration als im ganzen Hotel zusammen. Marie war begeistert. Im Schaufenster stand ein blinkender Schlitten mit einem Rentier, an den Wänden hingen Sterne, Engel, Glaskugeln und Lichterketten, und in der Mitte des Raumes stand endlich der bunt geschmückte Tannenbaum, der fast bis zur Decke reichte. Aus den Lautsprecherboxen erklang instrumentale Weihnachtsmusik und Marie fühlte sich sofort wohl.

»Hola! Habt ihr einen Termin? Ich bin Carmen«, wurden sie von einer kleinen, dunkelhaarigen Frau begrüßt, die sie freundlich anlächelte. Sie sprach Deutsch, aber mit einem spanischen Akzent.

»Unser Bruder hat einen Gutschein für den ›Überraschungslook‹ gewonnen und da stand 18 Uhr drauf«, erklärte Marie und zeigte auf Gabriel.

»Ach ja, richtig! Und ihr begleitet ihn? Kommt herein, nehmt Platz!«

Theresa sah sich um. »Hier sieht es ja richtig weih-

nachtlich aus«, bemerkte sie. »Wie bei uns in Deutschland.«

Die Friseurin lächelte. »Si, ich liebe Weihnachten! Es ist das schönste Fest des Jahres! Da kommt die Familie zusammen und feiert die Geburt von Jesus. Es ist – wie sagt man – das Fest der Liebe! Der Familie! Ich zähle schon die Tage bis zum 24. Dezember. Bei meiner Mama zu Hause ist noch viel mehr geschmückt, hier ist ja nicht so viel Platz.«

Marie war die Frau direkt sympathisch. »Ich bin auch ein totaler Weihnachtsfan«, sagte sie.

Theresa mischte sich ein. »Woher können Sie so gut Deutsch?«

»Gracias, ich war als junges Mädchen ein Jahr als Au-Pair in Bonn«, erklärte Carmen. »Und hier im Hotel gibt es fast nur deutschsprachige Gäste, also bleibe ich in Übung.«

»Und was ist das nun für ein ›Überraschungslook‹?«, wollte Gabriel wissen. »Wir wissen nämlich noch nicht, wer von uns das machen lässt.«

Carmen lachte. »Es sind normalerweise Rastazöpfe, die sind unter den Urlaubern am beliebtesten.«

»Rastazöpfe? So ganz viele geflochtene, meinen Sie?«, fragte Theresa.

Die Friseurin nickte. »Ganz genau. Beliebt vor allem bei den jungen Mädchen.«

»Also da bin ich definitiv raus. Dieser Look ist echt nicht mehr angesagt. Einer von euch Twins kann das gerne machen lassen. Oder vielleicht hätten wir doch Mama schicken sollen?«

Marie kicherte und griff nach ihrem Kopf. »Nein, ich denke, das ist dann auch nichts für mich.«

Gabriel grinste. »Also ich finde das cool! Von wegen nicht angesagt. Das ist voll der Surfer-Look. Fast eine Typveränderung, aber ohne Schere!«

Dic Friseurin sah ihn an. »Ich könnte dir aber auch die Haare schneiden, wenn du möchtest, obwohl es um deine hübschen Haare fast zu schade wäre.«

Marie und Theresa wechselten einen Blick, aber ihr Bruder hatte wie immer seine eigenen Vorstellungen. »Auf keinen Fall! Es wird nicht geschnitten. Aber die Dreadlocks will ich ausprobieren.«

»Echt jetzt? Bist du dir ganz sicher?« Marie fragte sich, wie das Ergebnis wohl aussehen mochte, während

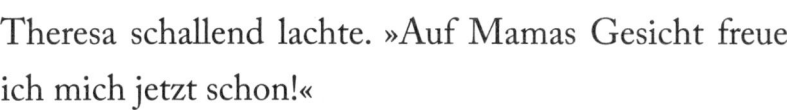

Theresa schallend lachte. »Auf Mamas Gesicht freue ich mich jetzt schon!«

»Wenn es dir nicht gefällt, dann machst du die Haargummis wieder raus, öffnest die Zöpfe und wäschst dir den Kopf. Danach ist alles wie vorher«, erklärte Carmen.

Gabriel nahm auf dem mittleren Stuhl Platz, während es sich seine Schwestern auf den Stühlen rechts und links von ihm bequem machten.

Die Friseurin schnappte sich einen Kamm und teilte Gabriels blondes Haar Strähne für Strähne. Dann fing sie an, ihm schmale, eng anliegende Zöpfe zu flechten. Als in den Lautsprechern »Stille Nacht« auf Spanisch erklang, summte sie leise mit. »Für mich das schönste Lied aller Zeiten«, erklärte sie.

Gabriel nickte. »Singen wir auch immer. In der Kirche und dann noch einmal für unsere Großeltern am Tannenbaum.«

»Das hört sich schön an!« Carmen strahlte. »Ihr freut euch sicher schon darauf, sie wieder zu sehen? Erzählt mal von eurem Weihnachtsfest in Deutschland«, bat sie. »Wie läuft es bei euch ab?«

Theresa räusperte sich. »Ähm ... wir bleiben dieses Jahr hier«, sagte sie. »Im Hotel.«

»Wirklich? Ihr verzichtet freiwillig auf die schönste Jahreszeit?« Carmen klang richtig überrascht. »Das könnte ich nicht! Mein Herz würde explodieren! Ich liebe Weihnachten!«

Theresa lächelte. »Dann sind Sie genauso drauf wie Marie. Sie ist auch ganz verrückt danach.«

»Du nicht?«

»Schon«, Theresa biss sich auf die Lippen. »Also ich meine, ich mag die Feiertage auch. Mit allem, was dazu gehört. Das ist mir erst heute klar geworden, als wir bei dem komischen Weihnachtsmarkt geholfen haben.«

»Versehe ich«, die Friseurin hatte gerade den nächsten Zopf fertig geflochten. »Aber wie läuft das sonst bei euch zu Hause ab?«

»Eigentlich sehr schön«, antwortete Marie. »Wir schmücken den Tannenbaum, gehen an Heiligabend in

die Kirche zum Krippenspiel und dann gibt es die Bescherung. Meistens sind wir am Weihnachtsabend bei Oma und Opa.«

»Es gibt Berge zu essen«, warf Gabriel ein.

»Wir machen uns besonders schick und es kommen noch mehr Verwandte«, ergänzte Theresa. »Und unser Vater baut eine Ritterburg auf, wofür er jedes Jahr eine neue Figur bekommt. Wir heißen nämlich Ritter mit Nachnamen.«

Carmen nickte. »Ach, wie nett! Und macht ihr auch Musik?«

»Ja, unsere Oma besteht darauf, dass wir singen, aber das machen wir nicht so gern«, ergänzte ihr Bruder.

Die Friseurin schaute ihn im Spiegel an. »Warum nicht? Es gehört doch zum Fest dazu, findet ihr nicht? Das, was ihr so erzählt, hört sich doch sehr schön an. Nach einem zauberhaften Fest. Werdet ihr es nicht vermissen?«

Die Geschwister sahen sich an und für einen Moment wurden alle still.

»Also ... den Tannenbaum auf jeden Fall«, antwortete Gabriel als Erster.

Marie zögerte. »Ich werde wahrscheinlich die ganze Stimmung vermissen«, gab sie zu. »Auch wenn ich mich über den Urlaub freue. Aber es ist irgendwie so ein tolles Gefühl im Bauch, wenn man an Heiligabend den Baum beleuchtet sieht und darunter die Geschenke liegen und so …«

Theresa sah nachdenklich aus. »In den letzten Tagen habe ich gemerkt, dass es mir eigentlich auch ganz gut gefällt. In unserem Appartement haben wir nur einen grünen Luftmatratzenbaum. Aus Gummi. Der kann einen echten nicht ersetzen. Außerdem wird hier im Hotel eine Party gefeiert, mit Tanz und so, das finde ich schon ziemlich komisch. Und eigentlich hatte ich mich auf das gute Wetter hier gefreut, aber zu Weihnachten passt Sonne irgendwie nicht so gut.«

»Das stimmt. Deshalb warten wir bei uns zu Hause auch immer darauf, bis es richtig dunkel ist«, nickte Carmen. »Gegessen wird erst, wenn der erste Stern am Himmel steht, diese Tradition hat bei uns eine … wie sagt ihr noch … Ur-Ur-Ur-Tante eingeführt.«

Gabriel kratzte sich am Hinterkopf. »Und wenn der erste Stern leuchtet, wird hier im Hotel am Pool gegrillt und so ein komischer Tanz-Flashmob aufgeführt, wussten Sie das?«

Die Friseurin zuckte mit den Schultern. »Die Touristen wollen kein Weihnachten wie zu Hause haben, sonst wären sie nicht im Urlaub.«

Marie fiel ein, dass der Chef-Animateur es ganz ähnlich ausgedrückt hatte. Aber wollten auch die Ritters wirklich kein Weihnachten feiern?

»Unsere Familie besteht aus fast dreißig Personen und alle sind zusammen. Wir singen Weihnachtslieder und gehen in die Kirche. Zu Hause haben wir auch eine große Krippe. Und die Kinder gehen um Mitternacht zu den Tieren«, fuhr Carmen fort. »Meine Mama hat hinter dem Haus einen kleinen Stall mit Hühnern und Kaninchen.«

»Warum gehen die dorthin?«, fragte Gabriel neugierig.

»Wir glauben, dass die Tiere an Heiligabend um Punkt Mitternacht in Menschensprache zu uns sprechen.«

»So ein Quatsch!« Theresa kicherte.

Carmen sah sie an. »Woher weißt du, dass das nicht

stimmt? Ich selbst habe es schon erlebt und es war ein ganz besonderer Moment. Hast du es schon einmal ausprobiert?«

»N… nein.« Theresa sah unsicher aus.

»Siehst du«, Carmen begutachtete ihr Werk. Gabriels Kopf war bereits auf der einen Hälfte voller Rastazöpfe. »Du solltest dich nicht über Dinge lustig machen, die du nicht kennst. Jede Familie hat ihre Traditionen und Legenden. Aber ich kann euch nur raten: Wenn ihr das nächste Mal an Heiligabend in der Nähe von Tieren seid, dann probiert es um Mitternacht einmal selbst aus. Vielleicht könnt ihr sie auch reden hören.«

»Unsere Großeltern haben eine Katze«, sagte Marie. »Meinen Sie…« Sie ließ die Frage offen.

Carmen lächelte vielsagend. »Versucht es!«

»Und was haben die Tiere ihnen gesagt?«, fragte Gabriel neugierig.

»Das darf ich nicht verraten«, meinte die Friseurin lächelnd. »Aber es war ein wunderschönes Erlebnis, das ich niemals vergessen werde, ein echtes Wunder. Weihnachten ist für mich immer voller Wunder.«

»Ja, ein Weihnachtswunderland«, sagte Marie leise.

Plötzlich sehnte sie sich ganz stark nach ihrem Zuhause, nach einem frisch duftenden Tannenbaum, dem Duft von Kerzen und Vanilleplätzchen, nach dem Kribbeln im Bauch vor der Bescherung, nach Omas Lebkuchenpudding, nach dem festlichen Gefühl in der Kirche und sogar nach dem grauen Regenwetter.

Einige Minuten lang sagte niemand etwas. In den Lautsprechern spielte ein Orchester »Oh, du Fröhliche« und Carmen summte leise mit, während sie weiter die Rastazöpfe an Gabriels Kopf flocht.

Theresa stupste Marie an. »Hey, du siehst so traurig aus. Ist es wegen Weihnachten?«

»Irgendwie schon«, antwortete sie leise. »Ich dachte, hier wäre es ähnlich wie zu Hause, aber das war vermutlich eine Traumvorstellung.«

Die Friseurin griff nach einem schwarzen Haargummi und hielt in der Bewegung inne. »Ihr wolltet vor Weihnachten flüchten, oder warum seid ihr hier?«

»Nicht direkt vor Weihnachten, sondern vor der Hektik und den Vorbereitungen«, erklärte Gabriel. »Es ist cool, dass wir nichts tun und nicht helfen müssen.«

Carmen nickte. »Das verstehe ich, aber andererseits

gehören die Vorbereitungen dazu, oder? Man will ja, dass es ein möglichst schönes Fest wird. Musst du denn hart arbeiten?«

Gabriel kniff die Augen zusammen. »Hart arbeiten? Nein, nur eben helfen.«

»Aber das verstehe ich nicht!«, rief Carmen. »Helfen ist doch nichts Schlimmes. Bei uns zu Hause hilft die ganze Familie mit.«

Theresa wollte protestieren, aber dann schien ihr etwas einzufallen. »Ehrlich gesagt haben wir uns schon gelangweilt und deshalb beim Weihnachtsmarkt geholfen«, sagte sie. »Und Gabriel hat sogar bei den angebotenen Spielen mitgemacht, obwohl sie eher für kleinere Kinder gedacht waren.«

»Stimmt doch gar nicht!« Gabriel rutschte auf dem Frisierstuhl hin und her. »Die waren für alle da.«

Marie wollte etwas sagen, verkniff es sich dann aber.

Die Friseurin schnalzte mit der Zunge. »Gabriel heißt du? Das ist ein wunderschöner Name, bestimmt sagt man dir das ziemlich oft!«

Gabriel murmelte etwas, aber meckerte nicht wie sonst darüber.

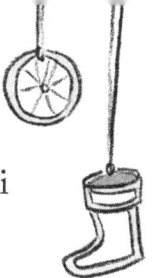

»Er wurde nach unserem Onkel benannt und wir zwei nach unserer Tante Marie-Therese«, erklärte Marie.

Carmen nickte. »Es ist wunderbar, wenn eine Familie so eng miteinander verbunden ist«, sagte sie. »Das ist nicht selbstverständlich, wisst ihr? Meine Familie versteht sich zum Glück auch sehr gut. Deshalb bin ich froh, sie alle an Weihnachten zu sehen. Ich verstehe gut, dass ihr das gemeinsame Weihnachten mit euren Großeltern vermisst. Ich finde, alle Kinder sollten richtig Weihnachten feiern können. Es ist so ... voller Wunder. Soooo, Gabriel – fertig!« Sie breitete die Arme aus.

Marie beobachtete schmunzelnd, wie ihr Zwillingsbruder seine Zöpfe schüttelte und sich dann im Spiegel betrachtete. »Krass!«, meinte er dann. »Ich sehe echt aus wie ein berühmter Surfer oder ein cooler Popstar!«

Theresa grinste. »Und du hast mindestens genauso viel Selbstbewusstsein! Ich finde aber auch, dass es dir steht. Mach dich trotzdem darauf gefasst, dass Mama und Papa von der Sonnenliege kippen werden.«

Marie kicherte ebenfalls. »Mama hat bestimmt fest damit gerechnet, dass du deine Haare doch noch abschneiden lässt.«

Die Friseurin sah die Geschwister erstaunt an. »Wirklich? Warum? Der junge Mann hat doch so tolle Haare und er fühlt sich offenbar sehr wohl damit. Er entscheidet.«

Gabriel nickte und Marie fand, dass ihm auch die Dreadlocks sehr gut stand. Sie verabschiedeten sich von Carmen und wünschten ihr ein frohes Weihnachtsfest.

Die Friseurin drückte sie alle der Reihe nach an sich. »Ich werde Heiligabend an euch denken, ihr seid so nette Kinder! Und denkt daran: Nächstes Jahr kommt lieber in einem anderen Monat, wenn ihr so an Weihnachten hängt wie ich. Oh je, wenn das der Hoteldirektor hören würde, er würde mich glatt feuern«, kicherte Carmen.

»Fast finde ich es schade, dass wir wieder nach oben fahren«, meinte Theresa, als sie vor dem Aufzug standen. »Die Atmosphäre in Carmens Salon war sehr weihnachtlich und gemütlich!«

Kaum öffneten sich die Aufzugtüren, schlugen den Geschwistern Pop-Klänge entgegen. Sie wirkten viel zu laut und viel zu schrill.

»Irgendwie war die Musik beim Friseur schöner«, sagte Marie. »Jetzt ist Weihnachten schon wieder ganz weit weg.«

In diesem Moment kamen ihnen Mama und Papa entgegen. Beim Anblick von Gabriel blieben die Eltern stehen.

»Was…«, begann Papa und Mamas Augen wurden kugelrund.

Marie befürchtete, dass sie gleich ein Donnerwetter hören würden, aber zu ihrer Überraschung fing ihre Mutter an zu lachen!

»We-her bist du-hu und wo-ho hast du meinen So-hohn verste-heckt?«, gluckste sie vergnügt.

»Jetzt ist alles klar. Der Überraschungslook. Natürlich. So laufen ein paar andere Kids hier auch herum.« Auch Papa schien sich vom ersten Schock zu erholen. »Da kann ich ja froh sein, dass ich mich nicht dafür gemeldet hatte.«

»Du hast gar nicht die notwendige Haarpracht dafür, Paps«, meinte Theresa und musste ebenfalls lachen.

»Carmen wäre bestimmt etwas anderes eingefallen«, erklärte Gabriel.

Marie nickte. »Genau. Ein Henna-Tattoo oder so etwas. Sie hatte einige Muster auf ihrem Tisch liegen.«

Mama, die sich gerade ein paar Lachtränen wegwischte, nahm ihren protestierenden Sohn in den Arm. »Komm her, du Rebell! Du siehst gewöhnungsbedürftig aus, aber es steht dir nicht schlecht.«

»Schade, dass wir Weihnachten nicht doch bei Oma sind«, meinte Gabriel. »Ich hätte zu gern die Gesichter von allen gesehen!«

Marie seufzte. »Als die nette Friseurin uns von ihren Feiertagen erzählt hat, habe ich eine richtige Gänsehaut bekommen. Die feiern mit der ganzen Familie und essen ganz viel und singen und gehen in die Kirche …«

»Die Story mit den sprechenden Tieren war auch der Hammer, oder? Da habe ich eine Gänsehaut bekommen«, fügte Theresa hinzu. »Mama, das erzählen wir dir gleich in Ruhe, du wirst es nicht glauben, was die für eine Heiligabendtradition haben!«

Die Eltern wechselten einen Blick. »Also habt ihr doch noch Interesse an Weihnachten?«, fragte die Mutter.

Gabriel sah sie erstaunt an. »Hä? Ich verstehe die

Frage nicht! Wieso sollten wir kein Interesse daran haben? Es ist doch immer richtig schön!«

Theresa warf einen Blick auf ihr Handy und sah dann auf. »Stimmt. Der Urlaub ist zwar toll, aber nächstes Jahr würde ich Weihnachten doch gern wieder zu Hause bleiben, ja?«

Kapitel 8

Wo ist die Weihnachtsstimmung?

An den folgenden Tagen stellte sich bei den Ritters eine gewisse Routine ein. Sie lagen am Pool, gingen zum Essen oder spazieren und schwammen zwischendurch eine kurze Runde, sofern ihnen das Wasser nicht zu kalt erschien. An den angebotenen Sportaktivitäten nahmen die drei Geschwister kaum teil, denn meistens drängelten sich dort vor allem die jüngeren Kinder. Sonderaktionen für Große wie den Weihnachtsmarkt gab es nicht mehr und das nächste »Event«, wie sich Ronny ausdrückte, sollte die »X-Mas Pool-Party« an Heiligabend sein.

Je näher Weihnachten heranrückte, desto trübsinniger wurde Maries Stimmung. Der »White Christmas«-

Song im Fahrstuhl nervte sie nur noch und die spärlichen Dekorationen im Hotel ließen keine Vorweihnachtsfreude aufkommen. In der ganzen Anlage herrschte viel Trubel und bei dem schönen Wetter konnte man meinen, es sei mitten im Sommer. Nur der Blick auf den Kalender verriet, dass bald Heiligabend sein würde. Zweimal war Marie noch im Untergeschoss gewesen, um einen Blick auf Carmens geschmückten Salon zu erhaschen, aber jedes Mal hatte die Friseurin Kunden, sodass sie nicht hineingehen wollte.

Auch ihre Eltern und Geschwister schienen insgesamt ruhiger zu werden. Sie alle lasen viel oder hörten Musik, hin und wieder alberten sie herum, aber insgesamt war die Atmosphäre nicht mehr so ausgelassen wie zu Beginn des Urlaubs.

Am Tag vor Heiligabend platzte Theresa beim Frühstück mit der Neuigkeit heraus. »Stellt euch vor, Sarah schreibt mir gerade, dass es geschneit hat!«, rief sie aufgeregt. »Könnt ihr euch das vorstellen! Schnee! Den hat es bei uns im Dezember in den letzten zehn Jahren nicht gegeben!«

»Es werden also weiße Weihnachten«, flüsterte Marie

und sah das Weihnachtswunderland förmlich vor sich: weiße Dächer, glitzernde Bäume, schneebedeckte Felder und Wege, wie auf ihrem Kalenderblatt und den Postkarten, die sie hier jeden Abend vor dem Einschlafen anschaute.

Ihr Zwillingsbruder wackelte mit seinem Kopf, dass die geflochtenen Zöpfe nur so hin und her flogen. »Echt? Geil! Kann man schon Schlitten fahren?«

»Zumindest soll es weiter schneien, sagt der Wetterdienst«, erwiderte seine große Schwester. »Wenn nur der Empfang meines Handys besser wäre, dann könnte ich mir die Fotos ansehen, die Sarah geschickt hat. Sie sagt, dass die Straßen total schön aussehen, mit der ganzen Beleuchtung und dem Schnee.«

»Manno, dann könnte man bei Oma und Opa jetzt Schlitten fahren«, meinte Gabriel. »Hoffentlich bleibt der Schnee liegen, aber bei unserem Glück verwandelt er sich am Tag unseres Rückflugs in eine riesige Matsche.«

Mama seufzte. »Bei den Großeltern muss es jetzt besonders schön aussehen! Mit den kleinen Hügeln und dem Wald drumherum. Ich weiß noch, wie mein Bru-

der und ich als Kinder den kleinen Berg hinter dem Haus mit dem Schlitten hinuntergesaust sind!«

»Jetzt muss es Carolinchen allein machen«, sagte Gabriel. »Aber das schafft sie sicher noch nicht. Wäre ich da, würde ich ihr helfen.«

Theresa sah ihn erstaunt an. »Du? Ich dachte, sie nervt dich.«

Gabriel zuckte mit den Schultern. »Ich habe hier schon so viele nervige, kleine Monster gesehen! Carolin ist im Vergleich dazu ganz okay.«

»Das sind ja ganz neue Töne.« Theresa zog die Augenbrauen hoch. »Jetzt sag nur noch, du würdest mit ihr unter dem Tannenbaum singen.«

»Warum nicht? Carmen hat doch gesagt, dass an Weihnachten alles möglich ist.«

Mama seufzte. »Das sind ja ganz neue Töne. Ich sage euch ganz ehrlich: Nächstes Jahr möchte ich wieder zu Hause feiern.«

Papa mischte sich ein. »Also ich muss sagen, von dem Programm hier im Hotel bin ich auch mehr als enttäuscht.«

Theresa schürzte verächtlich die Lippen. »Ja, wie

kann man eine Party mit lauter Musik machen? Ich mag Pop und Rock, aber zu Heiligabend passt es einfach nicht!«

Marie sagte gar nichts. Ihr war seltsam nach Weinen zumute und sie fühlte sich gleichzeitig schuldig. Da war sie an einem schönen, sonnigen Ort, musste überhaupt nichts tun, konnte chillen, so lange sie wollte – und trotzdem hätte sie auf der Stelle losheulen können! Das war unfair und undankbar den Eltern gegenüber! Sie biss sich auf die Lippen und trank einen Schluck ihres Kakaos.

»Marie?« Mama unterbrach ihre Gedanken. »Du bist so ruhig. Dir tut es bestimmt leid, dass du die weiße Weihnacht nicht zu Hause miterlebst, oder?«

Marie versuchte zu lächeln. »Ja, schon«, gab sie zu. »Aber das ist es nicht allein.«

»Sondern?« Papa hakte nach.

»Der Urlaub ist wirklich toll, aber ich mag eben auch Weihnachten, selbst ohne Schnee. Die ganze Stimmung und alles, was dazugehört. Unsere Rituale, wie Krippenspiel und Bescherung und all das …« Sie unterbrach sich. Dann sprach sie es aus. »Seid mir nicht böse, dass ich das sage, aber ich wünschte, wir wären zu Hause

geblieben. Hier kann ich mir das Fest überhaupt nicht vorstellen.«

Einen Moment lang herrschte Stille an ihrem Tisch. Mama und Papa wechselten einen Blick. »Ich kann es verstehen«, meinte die Mutter schließlich. »Marie kommt ganz nach mir. Sie ist auch so ein Weihnachtsfan wie ich.«

»Aber bist du nicht froh, dass du keine Arbeit und keinen Stress mit den Vorbereitungen hast?«, fragte Papa.

Mama nickte. »Doch. Natürlich. Aber die Atmosphäre hier kann niemals so werden wie daheim. Selbst wenn sie einen Tannenbaum hätten und auf eine Rock-Party verzichten würden. Es ist zu groß, zu anonym und zu laut.«

»Und sie haben Kürbisse und eine Knet-Krippe auf dem Weihnachtsmarkt«, ergänzte Gabriel. »Es würde mich nicht wundern, wenn es an Weihnachten bunt gefärbte Eier zum Frühstück geben würde.«

Theresa zuckte mit den Schultern. »Meinetwegen können wir auch vorzeitig abbrechen und nach Hause fliegen.«

Ihr Satz war so dahergesagt, aber alle am Tisch starrten sich verblüfft an. »Ich … ich meine ja nur …«, stammelte sie, offensichtlich von ihrer eigenen Idee überrascht. »Wir haben fertig gechillt, oder? Lust auf die Heiligabendparty mit fremden Leuten hat niemand von uns. Und hier nur die Zeit abzusitzen und dabei ein trübes Gesicht zu ziehen, ist auch nicht gerade gut. Kann man die Rückflüge nicht kostenlos umbuchen?«

Papa zuckte mit den Schultern. »Vermutlich schon. Aber wollt ihr das? Ich meine, es ist doch nett hier und irgendwie wird die Weihnachtsstimmung schon kommen. Und viele Gesichter kennt man mittlerweile vom Sehen. Ganz so anonym ist es hier doch auch nicht mehr.«

In diesem Moment kam der Chef-Animateur an ihren Tisch. »Hallo! Ich bin Ronny. Seid ihr gerade erst angekommen? Ihr seid so blass!«

Die Zwillinge fingen an zu kichern und Theresa grinste. »Sooo blass sind wir nun auch nicht mehr. Aber weißt du, Ronny, leider störst du uns gerade bei einem wichtigen Gespräch.«

»Ach so.« Ronny schien nicht im Mindesten beeindruckt. »Jedenfalls spielen wir nachher Wasserball im Kinderpool. Und morgen Abend wird es eine Heiligabend-Party geben – unter dem Motto: ›Wer braucht denn schon 'nen Weihnachtsbaum – deswegen sind wir abgehau'n!‹. Cool, oder?«

»Mega!«, antwortete Theresa, »für diejenigen, die das gut finden. Wir dagegen mögen Weihnachten und werden jetzt nach Hause fliegen. Du hast also falsch getippt, wir sind nicht neu hier.«

»Ach, echt jetzt? Es ist wohl die Speisesaal-Beleuchtung, die euch so blass macht. Na dann, tschüss, guten Flug und frohe Weihnachten!«

»So viel zum Thema bekannte Gesichter«, murmelte Gabriel, sobald der Animateur außer Reichweite war. »Ronny hat keinen von uns wiedererkannt! Und wir haben mit ihm zusammen den Weihnachtsmarkt aufgebaut! Na ja, bei den vielen Urlaubern, denen er begegnet, wundert es mich nicht. Also wenn ihr nach Hause wollt, komme ich mit. Dann gibt es wenigstens ein vernünftiges Essen.«

Marie rutschte auf ihrem Stuhl hin und her. »Meint ihr das ernst? Mit dem Zurückfliegen?«

Mama lächelte. »Also ich wäre dabei. Gut erholt habe ich mich bereits ...«

Papa seufzte. »Ich gebe zu, dass auch ich mir die Weihnachtsatmosphäre im Hotel anders vorgestellt habe. Aber wir müssen uns einig sein: Wollt ihr wirklich auf die restlichen vier Urlaubstage in der Sonne verzichten und zurück in die Kälte fliegen?«

Marie nickte eifrig. »Ich auf jeden Fall! Es gibt sogar Schnee und damit eine weiße Weihnacht!« Sie strahlte.

Gabriel wedelte mit der Hand. »Geschenke unter einem echten Baum sind natürlich schöner als unter der Luftmatratze! Und ich könnte auch Schlitten fahren! Wann bekommt man dazu schon die Gelegenheit?«

Theresa griff nach ihrem Handy. »Für mich ist das eine klare Sache, die Ritters fliegen nach Hause. Scheinbar hänge ich doch auch an Weihnachten, das hätte ich vorher gar nicht gedacht. Und der schlechte Empfang hier nervt mega. Aber ihr müsst mir versprechen, dass ich nicht sofort tausend Dinge machen muss, ja?«

Mama hatte ganz andere Sorgen. »Selbst wenn das

mit dem Umbuchen klappen würde, wir haben gar nichts für Weihnachten eingekauft! Und keinen Baum!«

Papa legte ihr eine Hand auf den Arm. »Lass mich erst mal telefonieren und schauen, was mit den Flügen machbar ist, bevor wir uns darüber den Kopf zerbrechen, okay? Irgendwie bekommen wir alles andere schon hin.«

Er schnappte sich sein Handy und tippte darauf herum. »Warum tut sich nichts ... Mensch, der Empfang ist wirklich mies! Ich werde von der Rezeption aus telefonieren!« Papa sprang auf und eilte davon.

In Maries Bauch fing es wieder an zu kribbeln. Sollte es wirklich klappen? Würden sie morgen Abend unter einem Tannenbaum sitzen und Weihnachten so feiern, wie sie es kannte? Noch wollte sie sich nicht zu sehr freuen, damit die Enttäuschung nicht zu groß wurde, falls es aus irgendeinem Grund nicht ging.

Als Papa fast eine halbe Stunde später zurückkam, versuchte Marie schon von Weitem in seinem Gesicht zu lesen. Hoch erfreut sah er nicht aus, bedrückt aber auch nicht.

»Und?« Auch Theresa schien gespannt.

»Folgendes«, begann er ziemlich atemlos. »Freie Plätze gab es nur noch in der Maschine, die morgen Vormittag abhebt.«

»Aber dann ist schon Heiligabend!«, warf Mama ein. »Bis wir gelandet sind, haben die Geschäfte geschlossen! Unser Kühlschrank ist doch total leer!«

Papa lächelte. »Bitte lasst mich ausreden. Ich habe uns auf das Flugzeug gebucht, nachdem ich mit Oma und Opa gesprochen habe. Wir haben einen Schlachtplan entworfen und es ist alles geklärt!«

»Was denn? Wie denn? Wo denn?«, unterbrach ihn Gabriel.

Der Vater zog die Augenbrauen hoch. »Gabriel, nun lass mich doch zu Ende erzählen! Oma und Opa sind hoch erfreut, dass wir Weihnachten nicht im Urlaub verbringen möchten und haben vorgeschlagen, dass wir morgen direkt vom Flughafen zu ihnen fahren. Sie werden heute einige unserer Wintersachen holen und alles vorbereiten. Oma hat schon mindestens fünf Gerichte aufgezählt, die sie machen will.«

»Lecker!« Gabriel strahlte. »Bestimmt backt sie auch wieder die Marzipanhörnchen!«

»Eine sehr gute Idee von Oma!« Theresa hielt die Daumen hoch. »Dann müssen wir nicht viel helfen, denn bis wir dort ankommen, sind sie und Tante Marie-Therese mit allem fertig.« Sie grinste und als ihre Mutter sie vorwurfsvoll anblickte, grinste sie noch breiter: »Na ja, das darf ich doch wohl sagen, oder? Und du musst dann auch nichts tun, Mama. Das ist doch erfreulich. Ich helfe dafür freiwillig beim Abwasch, wenn sich kein anderer findet.«

»Juhu! Wir werden doch noch ein richtiges Weihnachtsfest feiern! Ich bin schon auf Omas Tannenbaum gespannt! Bestimmt ist er wunderschön geschmückt«, freute sich Marie.

Ihr Zwillingsbruder hatte ganz andere Fragen. »Die Bescherung findet dann natürlich planmäßig statt, oder? Und wir können bei ihnen Schlitten fahren? Wie Mama und Onkel Gabriel früher!«

Papa nickte. »Opa meinte, wir könnten uns nicht vorstellen, wie viel Schnee sie hätten.«

»Dann schmilzt er auch nicht so schnell!«, rief Marie. »Ich kann mir gar nicht vorstellen, wie das dort aussieht!«

Mama lächelte erst ihre drei Kinder und dann ihren Mann an. »Ich würde sagen, das alles hört sich richtig gut an und wir können unseren letzten Urlaubstag in der Sonne noch richtig genießen.«

»Und die Vorfreude auch!«, ergänzte Marie. Dann griff sie in ihre Tasche und holte das kleine, silberne Glöckchen heraus. Unter den erstaunten Blicken ihrer Familie und einiger Gäste am Nebentisch bimmelte sie ganz leise und flüsterte: »Weihnachten kann kommen!«

Kapitel 9

Ein richtiges
Weihnachtswunderland?

Schon im Landeanflug sahen die Ritters durch das kleine Flugzeugfenster, wie viel Schnee wirklich gefallen war. »Seht mal, es ist echt alles weiß«, flüsterte Marie ehrfürchtig. »Gerade heute, an Heiligabend.«

»Jetzt würde das Lied von ›White Christmas‹ tatsächlich mal passen«, bemerkte Gabriel und Theresa stöhnte: »Bloß nicht, das kann ich im Moment nicht mehr hören!«

»Ich hoffe, dass Gabriel einen Kleinbus besorgt hat«, meinte Papa.

»Wie sollte ich das tun? Ich habe doch noch keinen Führerschein!«

»Du doch nicht, du Scherzkeks!« Mama strich ihm

über die Dreadlocks. »Mein Bruder holt uns ab. Dann sind wir alle schneller bei Oma und Opa.«

Marie strahlte. »Ich bin schon so auf das geschmückte Haus gespannt!«

»Hoffentlich hat Klein Carolin nicht alle Stecker gezogen!«, murmelte Gabriel.

Theresa kicherte. »Du redest von ihr wie von einem ungezogenen Kind, das alles kaputt macht. Dabei würde ich das mit den Steckern eher dir zutrauen!«

»Auch wieder wahr«, grinste ihr Bruder. »Vielleicht sollte ich Carolinchen zeigen, wie das funktioniert …«

Onkel Gabriel wartete wie verabredet in der großen Ankunftshalle auf sie. »Wie schön, dass ihr Weihnachten doch mit uns verbringt!«, rief er schon von Weitem. Und dann, mit einem Blick auf Gabriel: »Und wer bist du? Ein spanischer Popstar?«

Marie grinste, als Gabriel stolz seine Rastazöpfe hin und her warf. »Seht ihr, wir Gabriels erkennen die Stars sofort«, meinte er stolz. »Übrigens hat die spanische Friseurin gesagt, dass wir einen wunderschönen Vornamen haben!«

»Sag bloß, das hast du noch nicht gewusst?« Onkel

Gabriel schnalzte mit der Zunge. »Okay, ich habe auch fast achtzehn Jahre gebraucht, bis ich nicht mehr Gab, Briel oder Gil genannt werden wollte.«

»Keine schlechten Vorschläge...«, Maries Zwillingsbruder sah ganz angetan aus. »Ich denke darüber nach.«

»Und ihr?« Onkel Gabriel sah die Mädchen an. »Habt ihr genug von Taucherflossen und Schnorchelbrille? Ihr wollt wohl wieder Skihandschuhe und Boots tragen, was?«

»Oh je!« Mama sah ihre Kinder an. »Ihr habt doch nur die dünnen Leinenschuhe dabei! Damit könnt ihr unmöglich Schlitten fahren!«

Papa legte ihr beruhigend einen Arm über die Schulter. »Deine Eltern wollten doch gestern unsere Sachen mitnehmen, sicher haben sie auch an die Schuhe gedacht.«

»Ja, du hast recht. Aber sollen wir noch etwas besorgen? Wo können wir helfen?« Marie schmunzelte, denn Mama war wieder in ihrem Element.

Onkel Gabriel schüttelte den Kopf. »Gar nichts, alles läuft, der Baum steht, das Weihnachtsmenü ist in Arbeit. Jetzt lasst uns erst einmal hinfahren. Carolin kann es kaum erwarten, Marie, Gabriel und Theresa wiederzusehen. Sie ist so happy, dass ihr zurückkommt.«

Marie befürchtete, dass ihr Zwillingsbruder sich abfällig über ihre Cousine äußern würde, aber er nickte nur. »Omas Kater Pepino wäre auch noch dagewesen, aber der flüchtet wahrscheinlich eher vor Carolinchen. Weihnachtsmenü klingt lecker. Hauptsache, es gibt genug zu essen.«

Theresa, die ihr Handy checkte, sah kurz hoch. »Ich hoffe, dass Oma und Opa neben Jacke und Stiefeln auch ein paar meiner Winterpullis eingepackt haben. In meinem Koffer sind nur Sommersachen.«

Die Fahrt in das Dorf der Großeltern dauerte länger als sonst, denn die Straßen waren glatt und es schneite die ganze Zeit. Marie sah aus dem Fenster und konnte nicht glauben, dass sie noch heute Morgen in der Sonne gesessen hatte und nun diese weiße Pracht um sich herum bewundern konnte.

Es dämmerte bereits, als sie endlich das festlich be-

leuchtete Haus der Großeltern erreichten. Es stand am Fuß eines kleinen Hügels und war rechts und links von Bäumen umgeben. Überall lag glitzernder Schnee und jedes Fenster war von einer Lichterkette umrandet. Auf den Scheiben hingen goldene Sterne und an der Eingangstür war ein Weihnachtskranz mit rot-goldenen Schleifen angebracht. Hoch oben auf dem schneebedeckten Dach stand ein Schlitten und darauf saß ein großer Weihnachtsengel mit einer Trompete.

»Es sieht richtig magisch aus!«, rief Theresa. »Noch schöner als letztes Jahr, finde ich! Wie ein Haus aus einem Märchenbuch.« Sie holte ihr Handy heraus und fotografierte es.

»Wir sind endlich im Weihnachtswunderland«, murmelte Marie leise und strahlte über das ganze Gesicht. Es fühlte sich einfach richtig an.

Gabriel sagte gar nichts und das war für ihn ziemlich ungewöhnlich. Marie ahnte, dass ihr Zwillingsbruder ebenfalls ziemlich beeindruckt von diesem Anblick war.

Sobald der Kleinbus in der Einfahrt vorgefahren war, wurde von innen die Tür aufgerissen. Oma und Opa standen da und strahlten. »Da seid ihr endlich, kommt

ganz schnell rein!« Marie bemerkte, dass sie sich bereits für die Kirche umgezogen hatten und sehr schick aussahen. Auch Tante Marie-Therese und Carolin kamen, um sie zu begrüßen, und natürlich drehte sich alles direkt um Gabriels geflochtene Zöpfe.

»Du siehst ganz komisch aus«, erklärte die kleine Carolin und zeigte mit dem Finger auf ihn. »Nur Mädchen haben Zöpfe. So wie ich!« Sie bewegte sich in Maries Richtung. »Du siehst schön aus!«

»Er hat es sich in den Kopf gesetzt, bis nach Weihnachten so zu bleiben«, sagte Mama fast entschuldigend. »In der Sonne passte es sogar, aber hier ...«

Oma war nicht ganz so begeistert. »Gabriel, wie soll das gleich in der Kirche aussehen?«

»Lasst ihn doch!« Opa verteidigte seinen Enkel. »Ich hatte als junger Mann einen Zwirbelbart, der zu beiden Seiten nach oben gedreht war, meine Mutter fand ihn auch furchtbar, aber keiner konnte ihn mir ausreden.«

»Cool, Opa!« Gabriel nickte. »Das mache ich dann als nächstes. Ab sofort bin ich nämlich der neue Gabriel. Ich mag meinen Vornamen und unterscheide mich von den anderen Jungs durch meinen neuen, coolen Überraschungslook.«

Theresa verdrehte die Augen. »Jetzt hebt er vollkommen ab!«

Mama und Papa wechselten einen belustigten Blick. »Da kommt was auf uns zu«, sagte ihre Mutter.

Marie war gespannt, ob der »neue Gabriel« es mit seinem Namen tatsächlich auch noch ernst meinte, wenn die Schule wieder losging. Aber bis dahin war zum Glück noch viel Zeit.

»Wo geht's denn hier am schnellsten zu deinem Weihnachtsbaum, Oma?«, fragte sie stattdessen und wollte in Richtung Wohnzimmer stürmen. »Ich will jetzt endlich einen echten, schönen, geschmückten Tannenbaum sehen! Darauf warte ich schon sooo lange!«

Aber die Großmutter hielt sie am Arm fest. »Moment, junge Dame. Du weißt doch, dass niemand das Wohnzimmer betreten darf! Erst, wenn es dunkel wird und wir aus der Kirche zurückgekommen sind.«

»Kirche? Ja, richtig!« Theresa sah auf die Uhr. »Wir müssen uns nur alle umziehen. Wo sind unsere Sachen?«

Opa zeigte nach oben. »Im großen Gästezimmer seid ihr Kinder untergebracht, ich hoffe, das ist okay, Gabriel? Du passt auf die jungen Damen auf, ja? Da stehen auch die Taschen mit den Sachen, die wir aus eurer Wohnung geholt haben.«

Carolin hängte sich an Marie. »Du? Darf ich mit euch nach oben gehen? Und darf ich nachher auch deine Geschenke ansehen?«

Marie lächelte. Offensichtlich war sie in diesem Jahr Carolins Heldin, aber für sie war das okay. »Klar«, sagte sie. »Komm mit!«

Sie liefen alle die Treppe hinauf und Marie bewunderte die Tannengirlande, die sich um das Geländer schlängelte. Daran hingen rote Schleifen und kleine Stiefel.

»Hier ist überall Weihnachten«, sagte auch ihr Bruder. »Irgendwie gefällt es mir doch ganz gut. Da weiß man, dass die Geschenke nicht weit sind.«

»Und es riecht nach Zimt und Orange und nach…«, Theresa schnupperte.

»Nach Katze?«, half ihr Gabriel grinsend. Und als Carolin ihn entrüstet ansah, wurde sein Grinsen noch

breiter. »Das war nur ein Spaß! Ich denke, es ist irgendein Braten. Ente vielleicht oder Pute.«

»Apropos Katze: Wo ist eigentlich Pepino?«, fragte Marie. Omas Kater hatte sich noch nicht blicken lassen. Carmens Geschichte über die sprechenden Tiere fiel ihr wieder ein. Ob sie es tatsächlich um Mitternacht ausprobieren sollten?

»Pepino mag keinen Krach, sagt Opa«, erklärte Carolin. »Er versteckt sich vor uns und kommt bestimmt erst später raus.«

Theresa und Gabriel schienen sich ebenfalls an die Worte der Friseurin zu erinnern, denn sie sahen Marie vielsagend an.

»Wir reden später über ihr-wisst-schon-was«, meinte ihre große Schwester und deutete mit dem Kinn in Richtung Carolin. »Gewisse Ohren sollten es nicht mitbekommen.«

»Was für Ohren denn?«, fragte die Kleine neugierig.

Gabriel winkte ab. »Weißt du, wo Oma unsere Sachen abgestellt hat, Carolinchen?«

Die Ablenkung klappte. Die Kleine zog sie mit wichtiger Miene in das Zimmer. »Hier sind die Taschen!«

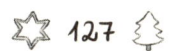

»Was ist denn das?«, rief Theresa entsetzt aus. »Wer hat diesen Kram eingepackt? Den roten Pullover ziehe ich schon seit Wochen nicht mehr an und die schwarze Hose ist out! Ich habe überhaupt keine Auswahl!«

Marie hatte ohnehin vor, den braunen Cordrock und die beigefarbene Bluse anzuziehen, die sie in ihren Urlaubskoffer gepackt hatte. Erleichtert stellte sie fest, dass auch ihre braunen Lammfell-Stiefel und die dicke Winterjacke in der Tasche steckten.

»Theresa, du wolltest doch dein Kleid tragen«, erinnerte sie die Schwester. »Also flipp nicht aus.«

»Klar, aber für morgen brauche ich ein neues Outfit! Es ist schließlich Weihnachten!«

Gabriel tippte sich an die Stirn. »Du spinnst. Man muss sich doch nicht ständig umziehen. Hauptsache, warme Sachen. Hast du auch Klamotten zum Schlittenfahren? Das sollten wir morgen auf jeden Fall machen!«

»Jaaa!« Carolin klatschte begeistert in die Hände. »Ich fahre mit Marie, ja?«

Theresa murmelte ein paar unverständliche Worte und sah noch immer nicht zufrieden aus. »Dunkelblaue

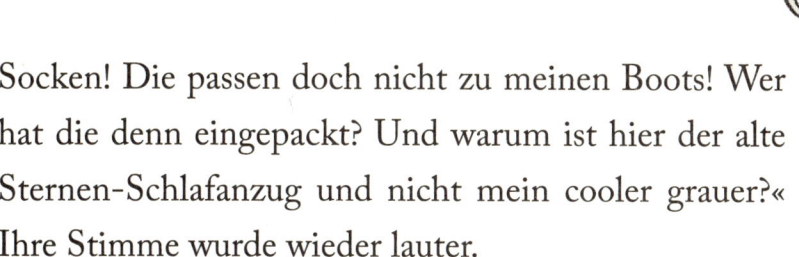

Socken! Die passen doch nicht zu meinen Boots! Wer hat die denn eingepackt? Und warum ist hier der alte Sternen-Schlafanzug und nicht mein cooler grauer?« Ihre Stimme wurde wieder lauter.

Eine Viertelstunde später waren die Ritter-Geschwister umgezogen und kamen in ihrem »Heilig-abend-Schick-Elegant-Cool-Outfit«, wie Gabriel es nannte, die Treppe hinunter.

Die Erwachsenen saßen im Esszimmer, in dem auf dem Adventskranz alle vier Kerzen brannten. Es roch nach Kakao und Plätzchen und alle waren festlich angezogen.

»Soll ich die Flipflops oder die Turnschuhe anziehen? Was passt besser zu meinen Rastazöpfen?«, fragte Gabriel gespielt ernst. Erst als ihn Mama und Oma entsetzt ansahen, lachte er: »Euch kann man aber leicht veräppeln!«

Tante Marie-Therese sah auf die Uhr. »Wenn wir noch Plätze in der Kirche bekommen wollen, sollten wir uns auf den Weg machen!«

Kapitel 10

Können Tiere sprechen?

Bis zur kleinen Dorfkirche war es nicht weit und sie liefen den Weg über einen ausgetretenen Pfad zu Fuß. Marie staunte, dass weder Theresa noch Gabriel darüber meckerten, zum Krippenspiel gehen zu müssen. Aber sie ahnte schon längst, dass in diesem Jahr das Weihnachtsfest ein ganz besonderes war.

Die Klänge von »Stern über Bethlehem« wehten ihnen entgegen und Maries Bauchkribbeln verstärkte sich, sobald sie die mit Tannenzweigen geschmückte Kirche betraten.

»War die Kirche schon immer so schön?«, flüsterte Theresa, die sich in alle Richtungen umschaute. »Ist hier etwas anders als sonst?«

»Ich denke, unsere Sichtweise hat sich verändert«, flüsterte Mama zurück.

Das Krippenspiel begann, und sie lauschten andächtig der Weihnachtsgeschichte über die Geburt von Jesus, die sie eigentlich fast auswendig kannten. Dennoch glaubte Marie, dass auch hier irgendetwas anders war. Sie konnte nur nicht herausfinden, was.

Nach dem letzten Lied klingelten alle Glocken und Marie bekam eine Gänsehaut. »Das ist schon anders als so ein Rock-Gehüpfe am Pool«, murmelte Gabriel. »Stellt euch vor, genau jetzt machen die das vermutlich!«

Als sie den Weg zurückliefen, war es schon dunkel. Der Himmel war klar und die ersten Sterne funkelten.

»Welcher ist der Stern von Bethlehem?«, wollte Carolin wissen.

»Der Hellste«, antwortete ihr Vater. »Und so wie er den Hirten den Weg zur Krippe gewiesen hat, so führt er auch uns nach Hause.«

»Zur Bescherung«, ergänzte Gabriel.

»Aber zuerst wird gegessen!«, mahnte Oma.

Marie zog sie am Ärmel. »Können wir nicht die Reihenfolge ändern? Ich will doch den Baum sehen … und die Geschenke natürlich auch. Ob das Christkind oder der Weihnachtsmann schon da waren?«

Opa machte ein geheimnisvolles Gesicht. »Wer weiß? Aber ein wenig gedulden müsst ihr euch noch. Es ist Tradition, dass wir zuerst essen.«

»Manno!«, meckerte Gabriel. »Eigentlich habe ich keinen Hunger!«

Das wäre aber etwas ganz Neues, dachte Marie. Sie wusste aber, dass die Reihenfolge eingehalten würde. So war es all die Jahre zuvor auch. Auf dem Heimweg konnte sie sich an dem Anblick des Schnees nicht sattsehen. »Wir haben eine weiße Weihnacht! Eine weiße Weihnacht!«, sang sie.

»Leise rieselt der Schneeeee«, fing plötzlich Theresa an zu singen. Und es dauerte keine zehn Sekunden, da fiel die ganze Familie in den Gesang ein.

Als sie im Haus ankamen, war die Tür zum Wohnzimmer noch immer verschlossen.

»Die Kinder decken den Esstisch, die Erwachsenen kümmern sich darum, die Speisen darauf zu stellen!«, kommandierte Oma. Marie fiel auf, dass niemand von ihnen protestierte.

»Esst ganz schnell!«, ermahnte sie ihr Zwillingsbruder. »Und nicht noch eine zweite Portion nehmen, sonst dauert es noch länger mit der Bescherung!«

Das Essen war köstlich, und während sie alle um den großen Holztisch herumsaßen, fühlte Marie wieder das vertraute Bauchkribbeln. Sie dachte daran, wie Carmen ihnen von der Familie vorgeschwärmt hatte und konnte ihre Worte jetzt noch besser verstehen: Das hier war ihre Familie.

Theresa schien dasselbe zu denken, denn sie lächelte sie an. »Es war gut, dass wir nach Hause geflogen sind«, flüsterte ihr die große Schwester leise zu.

Nachdem sie zum Nachtisch Omas weltberühmten Lebkuchenpudding gegessen hatten, bat Opa alle darum, leise zu werden. »Wir warten jetzt darauf, ob wir ein Zeichen bekommen und hineingehen dürfen«, sagte er endlich den magischen Satz.

Sofort verstummten alle. Marie horchte angestrengt. Die Spannung war kaum auszuhalten.

»Miau!«, machte es plötzlich an der Küchentür.

»Ist das das Zeichen?«, rief Carolin. »Hat Pepino das Zeichen gegeben?«

In diesem Augenblick bimmelte von irgendwoher ein Glöckchen. »Das ist es!«, rief Gabriel. »Jetzt geht es endlich ran an die Geschenke!«

»Vielleicht hat dir das Christkind wieder einen Ball mitgebracht«, sagte Carolin. »Ich habe auch meine Stifte dabei, dann kann ich ihn wieder hübsch anmalen, wenn er wieder so weiß ist.«

Marie schmunzelte, aber Gabriel hatte die Worte seiner Cousine nicht mehr gehört. Er und Theresa waren die Ersten vor der Wohnzimmertür. Marie und Carolin standen direkt hinter ihnen.

»Ich traue mich nicht!«, sagte die Kleine. »Vielleicht ist da noch jemand drin!«

»Miau!«, machte es wieder. Dann huschte der Kater um ihre Beine herum.

Marie streichelte Carolin über den Kopf. »Komm«, sagte sie. »Wir wollen uns den Weihnachtsbaum ansehen.«

Dann machte Theresa endlich die Tür auf.

Marie hielt die Luft an. Der prächtige Tannenbaum war wunderschön. Dicht gewachsen und groß bis zur Decke stand er mitten im Wohnzimmer. Hunderte von kleinen weißen Lichtern beleuchteten die großen, goldenen Kugeln, Sterne und Schleifen.

»Da sind die Geschenke!«, rief Carolin und riss sich von Maries Hand los.

Die großen und kleinen Päckchen waren mit ihren Namen versehen.

»Dürfen wir?« Gabriel wartete auf Omas Zeichen und als diese nickte, kniete er schon unter dem Baum und hielt ein großes Paket in der Hand. »Ist es das, wovon ich denke, dass es das ist?«

Ein allgemeines Rascheln begann, denn die Kinder rissen ungeduldig das Geschenkpapier herunter. Carolin packte einen Spiel-Bauernhof mit zahlreichen Tieren aus. Marie freute sich riesig über die Kamera, eine neue Sporttasche, zwei DVD-Filme und bunte Haarklammern. Gabriel hatte tatsächlich die ersehnte Spielkonsole mit Fernbedienung und zwei Spielen bekommen und konnte sein Glück kaum fassen. Und Theresa zog aus einem riesengroßen Paket einige weiße Holzbretter und einen Spiegel heraus. »Es ist der Schminktisch! Der Schminktisch! Und er muss nur noch zusammengebaut werden!«

Als die Erwachsenen beschenkt werden sollten, sah Marie ihren Bruder an. »Wo sind unsere Sachen?«

Gabriel deutete auf einen Umschlag. »Hier. Mit viel Liebe gemacht.«

Die Eltern zogen die Lesezeichen heraus und Marie hielt zum wiederholten Mal die Luft an. Diesmal jedoch vor Ärger. Auf jedem Lesezeichen stand in krakeliger Schrift: »Frohe Weihnachten, ihr Lieben!«

»Wo ist die persönliche Widmung, die du schreiben solltest?«, zischte Marie ihren Bruder an.

»Wieso? Steht doch da! Ich habe es nur etwas abgekürzt«, verteidigte sich dieser.

Die Geschenke kamen trotzdem sehr gut an und selbst Theresa schien gerührt zu sein. »Ich muss nach den Ferien eine neue Lektüre anfangen, also passt das super!«, versicherte sie.

Von ihr gab es im Gegenzug kleine Radiergummis in Form von Handys. »Wenn ihr sie in der Schule benutzt, dann könnt ihr immer an mich denken!«, grinste sie.

Mama schenkte Papa eine kleine Königsfigur. »Für deine Ritterburg«, sagte sie. »Ich denke, die Ritter können einen netten König vertragen.«

Opa zündete mehrere Kerzen auf einem Teller an und legte eine Weihnachts-CD auf. »Wir haben gedacht, dass ihr vielleicht nach der Reise zu müde zum Singen seid«, erklärte er.

Doch während aus den Lautsprechern leise »Oh, Tannenbaum« erklang, fing die ganze Familie ganz automatisch an mitzusingen. Marie schloss kurz die Augen und merkte, wie sie schon wieder eine Gänsehaut bekam. Irgendwie war dieses Weihnachtsfest fast noch schöner als alle vorherigen Feste. Es war ihr ganz besonderes Weihnachtswunderland.

Eine ganze Weile saßen sie zusammen im Wohnzimmer, sangen und unterhielten sich. Und als den Kindern am späten Abend langsam die Augen zufielen und Klein Carolin auf dem Schoss ihrer Mutter eingeschlafen war, schlug Oma vor, dass sie ebenfalls ins Bett gehen könnten. »Ihr wollt ja morgen Schlitten fahren, also müsst ihr ausgeschlafen sein«, erklärte sie.

»Darf Pepino bei uns im Zimmer schlafen?«, fragte

Marie, ohne zu verraten, was sie eigentlich vorhatten. »Ich könnte sein Körbchen mitnehmen.«

Oma hatte nichts dagegen und so lagen die drei Ritter-Geschwister zehn Minuten später in ihren Betten und starrten die graue Katze durchdringend an, die sich auf ihrer Decke zusammengerollt hatte.

»Wir dürfen nicht zu viel Lärm veranstalten, sonst hat Pepino Angst«, mahnte Marie.

»Ob Pepino zu uns sprechen wird?«, fragte Gabriel.

»Ich kann es mir nicht vorstellen, aber diese Carmen war wirklich sehr überzeugend«, meinte Theresa.

Marie nickte. »Es ist noch eine Stunde bis Mitternacht. Ich hoffe, dass der Kater bis dahin nicht eingeschlafen ist. Was muss man eigentlich machen, wenn das der Fall ist?«

Das wusste leider niemand, denn Carmen hatte eine solche Möglichkeit nicht erwähnt.

Gabriel gähnte. »Dann machen wir Pepino eben wach. Er sollte unsere Sprache dann verstehen.«

Marie fühlte, wie ihre Augen zufielen. »Ich bin sooo müde«, stöhnte sie. »Wie sollen wir bloß bis Mitternacht wachbleiben?«

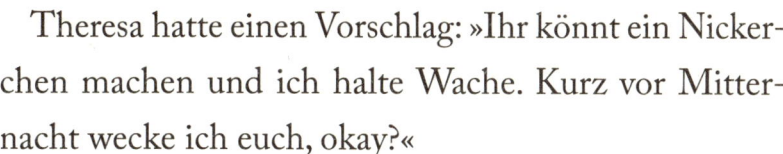

Theresa hatte einen Vorschlag: »Ihr könnt ein Nicker- chen machen und ich halte Wache. Kurz vor Mitter- nacht wecke ich euch, okay?«

»Aber nicht einschlafen!«, ermahnte sie Marie. Dann schloss sie ihre Augen und freute sich, welche Wohltat es war…

Ein leises Rufen unterbrach ihre Gedanken. »Wacht auf, Gabriel und Marie! Es ist gleich null Uhr!«

»Ich will weiterschlafen«, murmelte Gabriel, während Marie angestrengt überlegte, wo sie eigentlich war und warum ihre Geschwister mit ihr zusammen in einem Raum schliefen.

»Hallo? Wir wollten doch mit der Katze sprechen!«, sagte Theresa.

»Manchmal hast du echt einen Vogel«, antwortete Gabriel. »Warum sollte ich mit einer Katze reden?«

Doch Marie fiel plötzlich alles wieder ein. »Die spre- chenden Tiere an Heiligabend um Mitternacht!«, rief sie und sprang aus dem Bett.

Jetzt schien sich auch Gabriel zu erinnern. »Und wenn Pepino Italienisch spricht? Dann verstehen wir ihn nicht«, sagte er schläfrig.

Sie knieten sich alle um das Körbchen des Katers herum, der zusammengerollt tief zu schlafen schien.

»Wir müssen ihn wecken«, sagte Gabriel.

Marie tat der Kater leid. »Ach, lassen wir ihn doch besser schlafen.«

Theresa schüttelte den Kopf. »Ich kraule ihn mal ganz vorsichtig.«

Die Uhr an der Wand zeigte genau Mitternacht, als sie die Katze ganz zaghaft hinter dem Ohr streichelte. »Wach auf, Pepino, wie geht es dir?«, fragte sie leise.

»Was für eine blöde Frage«, meckerte Gabriel. »Er wird gerade geweckt. Da hat man schlechte Laune. Pepino? Kannst du mich verstehen?«

Marie zuckte zusammen, als der Kater sich bewegte. »Er wird wach«, sagte sie. »Seid mal leise, damit wir ihn gut verstehen.«

Pepino machte erst ein Auge auf und dann das andere. »Hallo? Wir sind es!«, sagte Marie.

Der Kater richtete sich auf und sah die drei Geschwister an. Dann brummte er etwas, sprang mit einem Satz zur Tür und verschwand aus ihrem Sichtfeld.

»Halt!«

»Warte!«

»Habt ihr das gehört?«

»Hat er was gesagt?«

»Es klang wie: ›Ruhe‹!«

»Nein, eher wie ›Hunger‹!«

Marie und ihre Geschwister waren sich nicht einig. »Aber er hat etwas gesagt!«

»Ich glaube, das bilden wir uns nur ein!«

»Er hat eher gegrummelt.«

»Wenn er nur nicht so menschenscheu wäre!«

Die Tür ging auf und Mama kam herein. »Was ist denn hier los? Ich dachte, ihr schlaft längst!«

Marie sprang in ihr Bett zurück und Gabriel und Theresa taten es ihr nach. »Mama, du wirst es nicht glauben, aber Pepino hat ein menschliches Wort zu uns gesagt!«, erklärte Marie.

»Quatsch!«, widersprach Theresa. »Es war nur ein Brummen.«

»Das glaube ich nicht!« Gabriel fuchtelte mit den Armen.

Mama hob die Augenbrauen. »Ich verstehe nur Bahnhof. Wovon sprecht ihr?«

Marie zog sich die Decke bis unters Kinn. »Mama, meinst du, dass es möglich ist, dass Tiere an Heiligabend um Mitternacht wie Menschen reden können? Die Familie von Carmen der Friseurin glaubt das auf jeden Fall.«

Ihre Mutter ging von Bett zu Bett, küsste alle ihre Kinder und lächelte. »Wisst ihr«, sagte sie, »die Antwort kennt ihr eigentlich schon: An Weihnachten ist einfach alles möglich.«

Sabine Zett ist in Westfalen aufgewachsen. Nach dem Abitur machte sie ein Volontariat bei der örtlichen Tageszeitung und arbeitete mehrere Jahre als Journalistin in verschiedenen Redaktionen. Heute schreibt sie Bücher, Theaterstücke und Hörspiele. Mit ihrer vielfach ausgezeichneten Jugendbuchreihe um den frechen »Hugo« eroberte sie nicht nur die Herzen von kleinen und großen Lesern, sondern auch die SPIEGEL-Bestsellerliste. Sabine Zett lebt mit ihrer Familie am Niederrhein.

Susanne Göhlich, 1972 in Jena geboren, lebt mit ihrer Familie in Leipzig. Neben dem Studium der Kunstgeschichte begann sie zu zeichnen und arbeitet heute als freie Autorin und Illustratorin von Schul- und Kinderbüchern.

Sabine Zett

Chaos – Pannen – Peinlichkeiten: Irgendwie läuft Pollys Leben nicht
ganz rund. Schuld daran ist ihre megachaotische Familie. Allen voran
Romeo, ihr cooler Mädchenschwarm-Bruder, aber auch ihr verpeilter
Erfinder-Dad sorgt für allerhand Trubel. Zum Glück ist Familie
Blume gerade umgezogen, und das ist Pollys große Chance, endlich
durchzustarten. Wünsche für ihr neues Leben hat sie jede Menge:
Vor allem hofft sie, beste Freundinnen zu finden, Freundinnen wie
Alissa, Mandy, Isabella und Victoria – hübsch, stylisch und beliebt.
Also alles, was Polly auch gern wäre. Aber stattdessen sitzt Polly in
der Streberreihe zwischen Zahnspangen-Esther und Nerd Mathilda!
Höchste Zeit also für Pollys ultimativen Masterplan. Und tatsächlich:
Mit ihrer chilligen Pyjama-Party landet Polly einen Volltreffer – und
merkt plötzlich, was Freundschaft wirklich ausmacht …

Mein Leben
voll daneben!
Band 1, 192 Seiten,
ISBN 978-3-570-15847-0

Einmal Star
und nie wieder
Band 2, 192 Seiten,
ISBN 978-3-570-15931-6

Familienausflug –
nein danke!
Band 3, ca. 192 Seiten,
ISBN 978-3-570-15933-0

www.cbj-verlag.de

10320_3